Espaces littéraires

Diplomatie

Cyril Gely

Cornelsen

Espaces littéraires | Diplomatie
Cyril Gely

Herausgeber: Otto-Michael Blume
Vokabelannotationen und Aufgaben: Otto-Michael Blume
Redaktion: Sandra Brandstetter, Bernau am Chiemsee
Umschlaggestaltung: werkstatt für gebrauchsgrafik, Berlin
Layout und technische Umsetzung: Annika Preyhs für Buchgestaltung+, Berlin
Umschlagfoto: © akg-images

Quellenverzeichnis:
Texte: Diplomatie © Éditions L'avant-scène théâtre, collection des Quatre Vents, 2011: S. 4–84; © Charles de Gaulle: Paris libéré: Discours de De Gaulle. www.roi-president.com/bio/bio-fait-discours+liberation+paris+1944.html: S. 98–99; 1964 – Dominique Lapierre/Larry Collins: Paris brûle-t-il? – © Éditions Robert Laffont: S. 87–88; 2011 – Christelle Pangrazzi: Avoir 15 ans en 1940, dans: La France sous l'Occupation – GEOHISTOIRE Hors-Série. © Prisma Media: S. 92–97; 2012 – Raoul Nordling: Sauver Paris. Mémoires du consul de Suède. – © Editions Payot & Rivages: S. 100–103.
Fotos: © Getty Images/Gamma-Rapho: S. 104 – © ullstein bild/Heritage Images/ Keystone Archives: S. 91.

Verwendete Abkürzungen

adj.	adjectif	fig.	figuré	péj.	péjoratif	jmd	jemand
adv.	adverbe	litt.	littéraire	pl.	pluriel	jdm	jemandem
f.	féminin	loc.	locution	qc	quelque chose	jdn	jemanden
fam.	familier	m.	masculin	qn	quelqu'un	etw.	etwas

Die Unterbrechung des Textes durch Arbeitsaufträge entspricht nicht dem Originaltext. Sie erfolgt aus didaktischen Gründen und signalisiert mögliche Sinneinheiten für die Erarbeitung im Unterricht bzw. zu Hause.

www.cornelsen.de

1. Auflage, 2. Druck 2020

Alle Drucke dieser Auflage sind inhaltlich unverändert und können im Unterricht nebeneinander verwendet werden.

Druck: H. Heenemann, Berlin

ISBN 978-3-06-020693-3

PEFC
PEFC/04-31-1156

PEFC zertifiziert
Dieses Produkt stammt aus nachhaltig bewirtschafteten Wäldern und kontrollierten Quellen.
www.pefc.de

Diplomatie

Annexe

Personnages

HELMUT MAYER, ordonnance[1] du général von Choltitz
HANS BRENSDORF, sentinelle[2]
DIETRICH VON CHOLTITZ, général d'armée, gouverneur militaire du Grand Paris
WERNER EBERNACH, officier du génie[3], chargé de miner[4] Paris
RAOUL NORDLING, consul général de Suède à Paris

Cadre. Le 25 août 1944, à Paris.
Une suite de l'hôtel Meurice, *siège du gouverneur militaire. Les Alliés arrivent aux portes de la ville. Peu avant l'aube*[5], *Dietrich von Choltitz se prépare, sur ordre d'Hitler, à faire sauter*[6] *la capitale.*

Décor. Une salle de travail avec un bureau.
Un large balcon domine l'arrière de la salle. Il donne sur le jardin des Tuileries.
Derrière le bureau : une carte de Paris et de sa région, avec plusieurs petits drapeaux rouges plantés dans la banlieue sud. À côté, une carte de France qui déborde[7] *sur les pays voisins*
À l'extrême droite une porte secrète est dissimulée[8] *dans le mur.*

1 l'ordonnance *f.*: l'adjutant *m.*
2 la sentinelle: Wachsoldat
3 l'officier du génie *m.*: Pionieroffizier
4 miner: verminen
5 l'aube *f.*: le début de la journée, quand le soleil se lève
6 faire sauter: faire exploser
7 déborder sur: über die Grenzen hinausgehen
8 dissimulé/e *adj.*: caché/e *adj.*

La pièce est dans la pénombre[1]. Une bougie éclaire faiblement le bureau, et une lueur[2] pénètre par la porte-fenêtre ouverte du balcon. Là, on distingue la silhouette d'un homme. Il allume une cigarette. Son visage s'éclaire un instant. C'est Dietrich von Choltitz.

On verra qu'il est de taille moyenne, extrêmement raide[3], massif, et distingué[4]. Il tousse.

La porte s'ouvre côté jardin. Un homme entre, habillé en soldat, longiligne[5]. C'est Helmut Mayer.

Il tient un plateau en argent sur lequel se trouvent un pot de café noir, une tasse, quelques tranches de pain et de la confiture d'orange.

Coincé[6] sous son aisselle[7], un classeur. Il jette un œil au salon, fait quelques pas, puis revient vers l'entrée.

Sujets d'étude

A. *Pendant la lecture*

1. Exposez brièvement le problème dont il est question.
2. Présentez en quelques mots la situation de guerre en France à ce moment-là (voir p. 89, Paris sous l'Occupation – quelques dates fortes).

1 la pénombre: le demi-jour
2 la lueur: lumière faible
3 raide *m./f. adj.*: qui se tient droit
4 distingué/e *adj.*: vornehm
5 longiligne *m./f. adj.*: grand/e *adj.*
6 coincer: einklemmen
7 l'aisselle *f.*: Achsel

MAYER : Brensdorf ? Où est le général ?

BRENSDORF : *(off)* Il est là, caporal. *(Il entre. C'est un homme très jeune, encore adolescent, blond, habillé en soldat.)* Il n'a pas rejoint sa chambre cette nuit.

Mayer se tourne vers le salon et s'avance lentement.

MAYER : *(à Brensdorf)* Ferme la porte. *(Brensdorf se retire. Mayer s'avance vers la porte-fenêtre[1].)* Mon général… *(Au loin, quelques coups de feu éclatent dans la nuit. On perçoit[2] une salve de mitraillette[3].)* Mon général ?

CHOLTITZ : *(dans la pénombre)* Bonjour, Mayer…

Mayer dépose le plateau et le classeur sur la console[4]. Il s'avance vers le balcon.

MAYER : Ne restez pas là, mon général. Vous êtes à contre-jour[5].

CHOLTITZ : Apportez-moi quelque chose à boire. N'importe quoi. Du café.

MAYER : Mon général, un enfant de cinq ans ne manquerait pas sa cible[6].

CHOLTITZ : Rassurez-vous. Les enfants dorment encore à une heure pareille.

Mayer se résigne. Il s'approche de la console et verse du café dans la tasse. Il fait un pas vers le balcon, puis se dirige vers le bureau et éteint la bougie. Il revient ensuite vers le balcon. Dehors les coups de feu ont cessé, tout est silencieux.

MAYER : *(en tendant la tasse)* Mon général.

CHOLTITZ : Hum ? Ah oui.

Choltitz saisit[7] la tasse et tousse plusieurs fois.

MAYER : Vous ne devriez pas fumer, mon général.

1 la porte-fenêtre: fenêtre descendant jusqu'au niveau du sol
2 percevoir qc: *ici* entendre
3 la mitraillette: Maschinengewehr
4 la console: petite table
5 le contre-jour: Gegenlicht
6 manquer la cible: das Ziel verfehlen
7 saisir: prendre

CHOLTITZ : Je sais… Regardez Mayer… Tout est si simple la nuit. Ça ne ressemble à rien. On dirait une plaine[1] immense et déserte. Sans églises, sans palais, sans personne… Venez voir. *(Mayer passe sur le balcon.)* Vous voyez la Concorde ?… Et là : vous voyez le Louvre ? Non… Et là-bas ? Vous voyez quelque chose ? Les Invalides ? Des maisons ? Non, bien sûr… Vous ne voyez rien, parce qu'il n'y a rien à voir… Paris n'existe plus à cette heure… Elle s'est évanouie[2], disparue… Ça paraît si facile de raser[3] une ville quand il fait nuit. Vous ne trouvez pas ? Plus rien ne vous arrête. Il n'y a que du vide, et détruire du vide ça ne fait de tort[4] à personne. Mais les nuits sont si courtes en été.

Plusieurs coups de feu retentissent[5]. Mayer se recroqueville[6] légèrement. Choltitz ne bouge pas.

MAYER : Rentrez, maintenant. Ce n'est pas prudent.

CHOLTITZ : Mayer, faites que le soleil ne se lève jamais sur cette ville… Priez pour que cette nuit dure cent ans.

D'autres coups de feu, plus proches. Choltitz a une légère quinte de toux[7].

MAYER : Rentrez, je vous en prie.

CHOLTITZ : Détendez-vous[8]. Ces terroristes ne cherchent pas à nous tuer. Ce qu'ils veulent ce sont des Allemands en chair et en os[9]. Pas des ombres. Nous sommes trop loin pour eux. Ils ne nous verraient même pas tomber. *(Il tousse à nouveau.)* Nous avons encore un peu de

1 la plaine: Ebene
2 s'évanouir: ne plus exister
3 raser: *ici* détruire
4 faire du tort: nuire (schaden)
5 retentir: se faire entendre
6 se recroqueviller: sich krümmen
7 la quinte de toux: Hustenanfall
8 se détendre: se relaxer
9 en chair et en os *fig.*: leibhaftig

temps devant nous… Tenez. Reversez-moi plutôt du café. Et pas jusqu'à ras bord[1]. *(Il s'éponge[2] le visage et se penche.)* Bon Dieu. Comment font-ils avec cette chaleur ? *(Mayer hésite, puis sort du balcon. Il se dirige vers la console, et reverse du café dans la tasse. Des coups de feu éclatent.)* Si seulement ils tiraient mal. *(Choltitz a une nouvelle quinte de toux bien plus violente. Il sort à son tour du balcon. Il porte une robe de chambre de soie[3] grise, ouverte sur un polo blanc, avec un pantalon gris à bandes rouges.)* Mayer… Sur le bureau… *(Mayer allume la lumière et prend sur le bureau un flacon contenant des pilules.)* Donnez…

Choltitz prend le flacon et avale deux pilules d'un trait. La lumière du salon grésille[4] un instant.

MAYER : Vous voulez que j'appelle le docteur Fisher ?

CHOLTITZ : Il a quitté Paris… Ça va passer.

MAYER : Respirez lentement.

CHOLTITZ : Ça va mieux… C'est cette maudite[5] chaleur.

MAYER : Certainement…

Choltitz tousse encore. Mayer tire les deux battants de la porte-fenêtre[6] et s'apprête à fermer les rideaux.

CHOLTITZ : Arrêtez avec cette fenêtre Mayer ! Et laissez ouvert. Vous avez vu von Arnim ce matin ?

MAYER : Bien sûr : vos télégrammes sont là.

Mayer fait un pas vers le classeur posé sur la console.

CHOLTITZ : Laissez cela. *(Il pose le flacon sur son bureau et prend des papiers.)* L'ennemi a percé[7] notre défense extérieure cette nuit. Il vous l'a dit, je suppose.

1 jusqu'à ras bord: bis zum Rand voll
2 s'éponger: se sécher
3 la soie: Seide
4 grésiller: *hier* flackern
5 maudit/e *adj.*: verflucht
6 le battant d'une fenêtre: Fensterflügel
7 percer: durchstoßen

MAYER : Oui. Tout l'hôtel en parle.

CHOLTITZ : Bon, tenez. C'est l'ordre qui vous permet de quitter Paris… Prenez-le. Ne discutez pas. Je veux que vous partiez immédiatement.

MAYER : Mais mon général…

CHOLTITZ : Ce n'est pas une faveur, Mayer. C'est un service que je vous demande… Je veux que vous partiez et que vous remettiez cette lettre à ma femme. Alfred vous accompagne. *(Mayer prend la lettre.)* Dites-lui simplement que je n'ai fait que mon devoir[1], et que nos enfants n'auront pas à rougir de notre nom. Venant de vous, elle comprendra. *(Il retire sa robe de chambre.)* Ensuite vous irez à Metz prendre votre nouvelle affectation[2]. Il est 6 h 10. Alfred vous attend dans vingt minutes devant l'hôtel. Voilà, Mayer.

Choltitz enfile[3] la veste blanche posée sur le dossier de sa chaise, et se regarde dans la glace côté cour[4]. Il boutonne sa veste, constellée[5] de décorations, puis ajuste[6] son col.

MAYER : Nous en sommes là. Nos renforts[7] n'arriveront pas.

CHOLTITZ : Nos renforts… Ces imbéciles sont bloqués depuis trois heures à cent vingt kilomètres d'ici. Du côté de Soissons. La route a été minée par ces cochons de Français ! Ils ne seront pas là avant midi, si tout va bien, s'il n'y a pas d'autres sabotages ! L'ennemi n'est plus qu'à deux heures de route. Peut-être moins. Je ne peux pas défendre Paris avec deux mille hommes. Il en arrive vingt ou trente fois plus par le sud et par

1 faire son devoir: faire ce qu'il faut faire
2 l'affectation *f.*: *ici* le poste militaire
3 enfiler un vêtement: mettre un vêtement
4 côté cour: côté droit de la scène au théâtre
5 constellé/e *adj.*: *ici* plein/e *adj.*
6 ajuster qc: mettre en ordre
7 les renforts *m. pl.*: Verstärkung

l'ouest. Je ne peux plus les attendre. Les Français ont scellé le sort[1] de leur ville en minant cette route. Ils ont cru qu'il leur suffirait de retarder nos quatre divisions pour pouvoir nous prendre au piège[2], et nous forcer à abandonner Paris. Mais le piège se referme sur eux. Nous ne pouvons pas perdre Paris. Perdre Paris, c'est perdre définitivement la guerre ! Je n'ai plus le choix maintenant. *(Choltitz s'avance vers le balcon. Mayer le suit.)* Vous voyez : ils dorment tous à présent. Bien paisiblement. Ils font de beaux rêves. Ils sont sur les Champs-Élysées. Ils acclament[3] les tanks français et américains. Ils nous voient pendus[4], brûlés vifs, le corps traversé[5] par un croc de boucher[6]… Mais avant l'aube pas même un rat ou un chien ne vivra encore dans cette ville… Et croyez-moi, on entendra la déflagration[7] jusqu'à Berlin !

MAYER : *(en acquiesçant[8])* Je pense même qu'on l'entendra encore d'ici à cinquante ans.

CHOLTITZ : Regardez bien Paris quand vous partirez. Vous serez un des derniers à la voir intacte. Après il ne restera plus rien.

MAYER : Je ferai de mon mieux… Et vous, mon général ?

CHOLTITZ : Hum ?

MAYER : Que ferez-vous après ? Quand tout sera détruit.

CHOLTITZ : Moi ? Je serai quelque part par-là, Mayer. En bas. Et je ferai mon métier. Dans Paris en ruine, avec mes deux mille hommes et les renforts qui arriveront

1 sceller le sort: das Schicksal besiegeln
2 prendre qn au piège: jdm eine Falle bauen
3 acclamer: applaudir
4 pendre qn: jdn hängen
5 traverser: *hier* durchbohren
6 le croc de boucher: Fleischerhaken
7 la déflagration: l'explosion *f.*
8 acquiescer: accepter, approuver

tôt ou tard, je crois que l'ennemi n'est pas au bout de ses peines. Leurs divisions blindées[1] ne suffiront pas à prendre la ville, et la Résistance parisienne ne leur sera d'aucune utilité. Ils vont tous buter[2] ici. Je vais faire de Paris un enfer ! À chaque coin de rue, dans chaque immeuble debout ou non, je leur collerai un tireur[3] isolé aux fesses[4]. Nous allons nous battre mètre par mètre, quartier par quartier, jusqu'à la dernière cartouche. Et quand celle-ci sera épuisée, il nous restera encore nos mains… Ça les retiendra un petit moment, vous verrez. Ils ne sont pas près d'arriver en Allemagne. *(Le téléphone sonne.)* Le reste n'a plus beaucoup d'importance. *(Il décroche.)* Oui. *(Un temps.)* Qu'il monte. Allez, Mayer. Je vous confie ma femme et mes enfants. Prenez bien soin d'eux quand tout ça sera terminé.

MAYER : Comptez sur moi… Seulement êtes-vous sûr d'avoir pris la bonne décision ? Je vous serais plus utile en restant ici. Alfred pourrait partir seul.

CHOLTITZ : Non… Il ne saurait pas trouver les mots… Et Uberta le connaît à peine. J'aurais préféré vous garder auprès de moi. Croyez-le. Vous m'avez toujours porté chance[5]. Mais aujourd'hui c'est différent. Il faut que ce soit vous, vraiment.

MAYER : Bien.

CHOLTITZ : Ah oui. Vous lui remettrez ça aussi… C'est pour les enfants. *(Il prend un paquet sur le bureau.)* C'est du chocolat.

Des coups de feu éclatent.

1 blindé/e *adj.*: gepanzert
2 buter: *hier* an ihre Grenzen stoßen
3 le tireur: Scharfschütze
4 les fesses *f. pl.*: *fam.* le derrière
5 porter chance à qn: jdm Glück bringen

MAYER : J'ai confiance en vous, mon général… Je sais que nous nous reverrons. En Allemagne ou ailleurs.

CHOLTITZ : Je vous remercie, Mayer. Mais vous savez : on ne meurt qu'une fois malheureusement. Et c'est pour si longtemps. *(On frappe à la porte.)* Oui.

La porte s'ouvre. Brensdorf entre.

BRENSDORF : Mon général, le capitaine Ebernach est là.

CHOLTITZ : Qu'il entre.

BRENSDORF : *(à Ebernach off)* Mon capitaine.

Brensdorf s'efface[1]*. Entre un homme plutôt jeune, les cheveux en arrière, l'air décidé et sûr de lui. Il porte un uniforme sombre. Il claque des talons*[2] *et incline*[3] *la tête. C'est Werner Ebernach.*

CHOLTITZ : Entrez, Ebernach. *(Brensdorf va pour fermer la porte.)* Non, laissez Brensdorf. *(Brensdorf s'incline et sort. À Ebernach.)* Je vous demande un instant. *(À Mayer.)* Une dernière chose, mon cher Mayer : ne tardez pas trop à[4] sortir de la ville.

MAYER : Rassurez-vous. *(Il montre la lettre.)* Je serai à Baden-Baden dans la soirée.

CHOLTITZ : Profitez-en pour passer au Café Karl. Vous mangerez du pain bis[5] et des bretzels pour moi. *(Mayer sourit. Les deux hommes se regardent un instant.)* Allez, Mayer… *(Mayer voudrait ajouter quelque chose, mais finalement se retire. Choltitz se tourne vers Ebernach, qui fait face à la carte murale de Paris, puis d'un ton sec.)* Je vous écoute, Ebernach. Soyez bref.

1 s'effacer: laisser place
2 claquer des talons: die Hacken zusammenknallen
3 incliner: neigen
4 tarder à faire qc: mettre beaucoup de temps à faire qc
5 le pain bis: Mischbrot, Graubrot

EBERNACH : Merci, mon général. Ce ne sera pas long. Vous permettez ? *(Il montre la plaque de liège*[1] *recouverte de drapeaux rouges et noirs.)* On aura une meilleure vision d'ensemble.

CHOLTITZ : Prenez les noirs.

EBERNACH : Bien. Il y aura donc quatre détonations successives. Les ponts d'abord. Le centre. Le Nord. Et l'Ouest pour finir. *(Un temps.)* Paris compte trente-trois ponts exactement. *(Il plante quatre ou cinq drapeaux noirs le long de la Seine.)* Plus une dizaine en périphérie... Tous ont été minés, sauf un : le Pont-Neuf, qui se trouve ici... Il vous permettra de conserver un axe entre les deux rives, et de vous servir de l'île de la Cité comme point d'appui[2].

CHOLTITZ : Mm.

Pour chaque lieu ou monument cité, Ebernach plantera un nouveau drapeau.

EBERNACH : L'explosion des ponts va provoquer une crue[3] spectaculaire de la Seine. Les pierres en tombant vont fermer le fleuve et l'empêcher de couler. Toute la partie sud-est de Paris sera rapidement immergée[4]. Disons dans l'heure qui suit. Après cinq ou six heures, la crue atteindra la Nation, la Bastille, puis l'hôpital de la Pitié et la place d'Italie. Il faut prévoir trois à quatre mètres d'eau par endroits. Ce qui veut dire plus d'électricité, plus de canalisations, plus rien...

Les immeubles et les chaussées s'affaisseront[5] d'eux-mêmes dans la foulée[6]. C'est pourquoi toute cette portion[7]

1 la plaque de liège *m.*: Korkplatte
2 le point d'appui *m.*: Stützpunkt
3 la crue: Hochwasser
4 immergé/e *adj.*: überflutet
5 s'affaisser: einsinken
6 dans la foulée: juste après
7 la portion: la partie

de Paris ne contient aucune charge explosive. La Seine fera le travail à notre place. La crue devrait ensuite se stabiliser en fonction du[1] relief[2] de la ville et buter sur[3] l'axe : Montparnasse, Panthéon, République. Le tout en quinze, voire[4] vingt-quatre heures… Cinq minutes après les ponts, le palais du Luxembourg, la préfecture de police, la cathédrale Notre-Dame, et l'Hôtel de Ville exploseront à leur tour. Leurs débris[5] formeront une digue[6] supplémentaire pour le cas où la crue serait plus importante que prévu. Ce qui est peu probable à cette époque de l'année… Mais autant tout prévoir[7]… De cette façon, l'île de la Cité restera à l'abri des[8] inondations[9] et sera à vous… *(Choltitz acquiesce en silence.)* Viendra ensuite le Nord. C'est-à-dire le Sacré-Cœur ; les trois gares : gare du Nord, gare de l'Est, gare Saint-Lazare ; et l'axe : Louvre, Opéra, Madeleine… Cette zone a été faiblement minée, car les terrains y sont de mauvaise qualité. C'est le principe des dominos. Quand ces cibles[10] exploseront, le reste suivra automatiquement… Aucune architecture ne résistera plus de cinq minutes. Tout s'écroulera[11]… L'Ouest, enfin, sautera un quart d'heure après la première détonation. Les charges les plus lourdes ont été réparties ici. Trois tonnes de cheddite[12] autour de la place de la Concorde. Quatre tonnes dans la Chambre des

1 en fonction de: *ici* à cause de
2 le relief: Geländeoberfläche
3 buter sur: stoßen auf
4 voire: et même
5 les débris *m. pl.*: la ruine
6 la digue: Deich
7 autant tout prévoir: um alles zu bedenken, vorherzusehen
8 à l'abri de: protégé de
9 l'inondation *f.*: Überflutung
10 la cible: Ziel
11 s'écrouler: tomber
12 la cheddite: Sprengstoff

députés, et dans les sous-sols des Invalides. Trois tonnes sur la place du Trocadéro… Et enfin, un peu plus d'une tonne de tolite[1] sous chaque pied de la tour Eiffel… *(Il se recule et examine la carte.)* Oui. Une dernière précision : l'Arc de Triomphe. *(Il plante un dernier drapeau.)* Il sautera en même temps que la Concorde, pour vous dégager[2] l'axe de tir[3] des Champs-Élysées… Voilà. L'ensemble ne prendra pas plus de vingt minutes. Mais après ça, faites-moi confiance : Paris ne sera plus qu'un souvenir.

Choltitz se rapproche de la carte couverte de drapeaux noirs.

CHOLTITZ : Parfait, Ebernach. C'est du bon travail… Je crois que les Parisiens vont apprendre à vous connaître.

EBERNACH : S'il en reste.

CHOLTITZ : Il en restera toujours assez. À combien évaluez-vous les pertes humaines ?

EBERNACH : Entre un million cinq et deux millions. Peut-être plus.

CHOLTITZ : Vous voyez : un tiers d'entre eux se souviendront de vous. Ce n'est déjà pas si mal.

Un temps.

EBERNACH : Avez-vous un dernier ordre à me donner, mon général ?

CHOLTITZ : Non. Je n'ai plus aucun ordre pour vous. Que vos hommes se tiennent prêts.

EBERNACH : Ils le sont. Une de mes sections finit d'assembler[4] les différents mécanismes d'horlogerie[5] qui commandent le retardement[6].

CHOLTITZ : Bien.

1 la tolite: Sprengstoff
2 dégager: frei machen
3 l'axe *m.* de tir *m.*: Schussbahn
4 assembler: zusammensetzen
5 le mécanisme d'horlogerie: Uhrmechanismus
6 le retardement: Zeitzündung

Ebernach regarde sa montre.

EBERNACH : Ce sera fait d'ici à quinze à vingt minutes. Le chef de la section vous appellera.

CHOLTITZ : Son nom ?

EBERNACH : Hegger.

CHOLTITZ : Où se trouve-t-il ?

EBERNACH : À la Chambre des Députés.

CHOLTITZ : Bon… Et quel est le laps de temps[1] ensuite ?

EBERNACH : Pardon, mon général ?

CHOLTITZ : La durée du retardement, Ebernach ! L'intervalle entre mes ordres et les premières destructions !

EBERNACH : Dix minutes. Le temps que mes hommes s'éloignent… Puis cinq minutes entre chaque détonation.

CHOLTITZ : Parfait.

Un temps. Choltitz paraît réfléchir.

EBERNACH : Mon général.

CHOLTITZ : Mm !

EBERNACH : Je vous rappelle que ma compagnie a été détachée auprès de vous à titre provisoire[2]. Ma mission est terminée… Je vous demande donc l'autorisation de quitter Paris avec mon unité. Le lieutenant Hegger dirigera les opérations. Il était avec moi en Ukraine : à Kiev et à Dniepropetrovsk. Je réponds de[3] lui et de sa section. Entièrement.

Choltitz regarde Ebernach avec insistance.

CHOLTITZ : Vous voulez partir.

EBERNACH : Avec votre permission.

1 le laps de temps: l'intervalle *m.* de temps

2 être détaché/e *adj.* à titre provisoire: vorübergehend zugeteilt sein

3 répondre de qn: garantir pour qn

Un temps. Choltitz s'avance vers le bureau et griffonne[1] *quelques mots sur une feuille. Il revient ensuite vers Ebernach et lui tend l'ausweis.*

CHOLTITZ : Alors allez-y, Ebernach.

EBERNACH : Je vous remercie.

CHOLTITZ : Seulement, je vous rappelle à mon tour qu'aucune destruction ne doit avoir lieu sans mon autorisation personnelle. Que votre lieutenant ne s'avise[2] pas de l'oublier. Sinon, je vous en rendrai personnellement responsable.

EBERNACH : Naturellement.

CHOLTITZ : Bien. Vous pouvez vous retirer. *(Ebernach claque des talons et sort. Choltitz jette un œil à la carte murale, puis se dirige vers le bureau et décroche son téléphone.)*

CHOLTITZ : Passez-moi le lieutenant von Arnim. *(Il prend une cigarette dans un étui posé sur le bureau, puis cherche son briquet.)* Oui. Écoutez-moi bien, lieutenant. Je veux que tous nos soldats se replient[3] sur Neuilly. Paris explosera entre sept heures et sept heures et quart. Les parties les plus touchées seront les ponts, le centre : de la cathédrale Notre-Dame à la Concorde, le Nord, et l'Arc de Triomphe. Je veux un minimum de pertes. Une fois Paris détruit, nous prendrons les ruines et nous attendrons l'ennemi. Joignez[4] le colonel Jay. Si je venais à tomber, j'ordonne qu'il me succède[5], est-ce clair ? Qu'il fasse opérer les troupes dans le plus grand silence. Je ne tiens pas à ce que la population s'affole[6]. Ça nous

1 griffonner: écrire vite et d'une manière peu lisible
2 s'aviser de faire qc: oser faire qc
3 se replier: sich zurückziehen
4 joindre qn: rencontrer, contacter qn
5 succéder à qn: venir après qn pour prendre sa place et ses responsabilités
6 s'affoler: paniquer

rendrait la tâche plus difficile encore. Et nous n'avons pas le temps de la faire évacuer… Pensez aussi aux vivres[1] et aux munitions. Il faudra tenir Paris. Et la tenir longtemps. Je vous retrouverai à Neuilly. *(Un temps.)* Non. Pas immédiatement. Laissez-moi une vingtaine d'hommes. Et trouvez-moi un nouveau chauffeur. Alfred doit quitter Paris. *(Un temps.)* Avec une voiture, oui. Qu'il soit devant l'hôtel à partir de sept heures moins le quart. Vous m'avez bien compris ? *(Un temps.)* Bon. Allez-y, Arnim… Et pas d'affolement[2].

Choltitz raccroche et cherche à nouveau son briquet. Il sonde[3] *les poches de sa robe de chambre posée sur une chaise, et le trouve.*

Il allume sa cigarette. Il se dirige ensuite vers la console et prend le classeur apporté par Mayer. Il en profite pour boire un peu de café : il le trouve froid. Il repose la tasse et revient vers le bureau. Il hésite, puis pose le classeur. Il se place alors devant la carte de Paris qu'il regarde attentivement. On entend des voix de soldats provenant de la rue, des cris. Choltitz se met à tousser. La lumière du salon grésille, puis s'éteint un quart de seconde et se rallume.

1 les vivres *m. pl.*: Lebensmittel
2 l'affolement *m.* → affoler
3 sonder: examiner

Sujets d'étude

A. Pendant la lecture

1. Résumez en quelques phrases ce qui se passe au bureau de Choltitz.
2. Expliquez la phrase du général allemand: «Mayer, faites que le soleil ne se lève jamais sur cette ville … Priez pour que cette nuit dure cent ans.» (p. 7, l. 17–18).
3. Relevez les arguments qu'avance Choltitz pour légitimer la destruction prévue de Paris (p. 9–10).
4. a) Comparez l'attitude de Choltitz et de Ebernach envers le destin de la capitale (p. 13 et suiv.).
   b) Dans ce contexte, analysez ce qu'ils pensent des conséquences des explosions pour Paris (p. 15, l. 11–19: «CHOLTITZ: Parfait, Ebernach. … Ce n'est déjà pas si mal.»).
5. Commencez à faire le portrait de Choltitz que vous complèterez pendant la lecture des passages suivants.

B. Après la lecture

1. Imaginez le contenu de la lettre que Mayer doit remettre à la femme de Choltitz.
2. À la fin de cette partie de la pièce, Choltitz se trouve seul dans son bureau. Qu'est-ce qu'il pense? Préparez un monologue intérieur et présentez-le en jouant le rôle du général (réfléchissez à sa mimique, à ses gestes, à sa tenue etc.).

Un homme est là, côté cour, à l'extrême droite, habillé en civil, la figure ronde. C'est Raoul Nordling. Choltitz ne semble pas avoir fait attention à la coupure[1] *d'électricité. Il s'éponge le front.*

NORDLING : Bonjour, général.

Choltitz sursaute[2] *et se retourne.*

CHOLTITZ : Monsieur le consul ?

NORDLING : Je ne vous dérange pas, j'espère.

Choltitz tousse à nouveau et écrase sa cigarette.

CHOLTITZ : Je ne vous ai pas entendu entrer.

NORDLING : Pour tout vous dire, je n'ai pas frappé… Vous permettez ? *(Il s'assoit sur le canapé, côté jardin, et ôte son chapeau.)* L'escalier est un peu raide.

CHOLTITZ : Que faites-vous là ? *(Nordling retire calmement ses gants*[3]*.)* Je croyais que vous aviez quitté Paris… Et comment êtes-vous arrivé jusqu'ici ?

NORDLING : Votre hôtel : il est admirablement situé, au cœur de la capitale. Mais vous ignorez tout de son histoire. Et de cette suite en particulier.

CHOLTITZ : Qu'est-ce que ça veut dire ?

NORDLING : Que je ne suis pas passé par le hall, en bas. Ni par cette porte.

Nordling indique la porte d'entrée.

CHOLTITZ : Quoi ?

NORDLING : Oui je sais, ça ne se fait pas. Mais j'avais besoin de vous voir sans témoins.

CHOLTITZ : Allons monsieur le consul : inutile de raconter des histoires. Nous savons bien, vous et moi, que c'est là la seule entrée possible.

NORDLING : Disons plutôt que c'est la seule que vous connaissez.

1 la coupure: *hier* Ausfall
2 sursauter: hochschrecken, zusammenzucken
3 le gant: Handschuh

Choltitz hésite, puis ouvre la porte. On entend des soldats se mettre au garde-à-vous[1].

CHOLTITZ : Brensdorf ! J'ai cru entendre du bruit. Quelqu'un est-il entré récemment ?

Brensdorf entre, Nordling est hors de sa vue.

BRENSDORF : Où, mon général ?

CHOLTITZ : Ici. Dans ce bureau.

BRENSDORF : Chez vous ? Non, mon général. Personne.

CHOLTITZ : Personne ? Personne n'est entré, vous êtes sûr ?

BRENSDORF : Absolument. Vous voulez que je demande…

CHOLTITZ : Non, non. Ça ira.

Choltitz referme la porte et regarde Nordling. Puis il scrute[2] *avec attention le salon et fait quelques pas vers le balcon.*

NORDLING : Je ne grimpe plus aux fenêtres depuis longtemps, vous savez.

CHOLTITZ : Alors expliquez-vous, monsieur Nordling ! J'ai horreur qu'on fasse des mystères !

NORDLING : À Paris, monsieur le gouverneur, chaque hôtel a ses secrets. Le Crillon, le Ritz, comme le Meurice. En arrivant ici vous aviez le choix entre deux cents chambres. Disons que vous avez choisi la seule avec un double-fond[3].

CHOLTITZ : Bon. Venez-en au fait, je vous prie.

NORDLING : Avez-vous déjà entendu parler d'Elisabeth Aryet ?

CHOLTITZ : Qui donc ?

NORDLING : Elisabeth Aryet.

CHOLTITZ : Non.

NORDLING : Et de Miss Howard ? *(Choltitz ne répond pas.)* Pas davantage ? Bon… Enfin, peu importe. Il s'agit en

1 se mettre au garde-à-vous: Haltung annehmen, strammstehen
2 scruter: inspecter, examiner
3 le double-fond: doppelter Boden, *hier* Geheimtür

fait de la même personne. Miss Howard était son nom de scène. L'histoire date un peu, mais vous allez voir elle est croustillante[1]. Vers 1860 cette jeune femme collectionnait les petits rôles au théâtre et certains soirs les amants. Je vous fais grâce de[2] la liste. Parmi ces amants, il en est un qui n'habitait pas loin d'ici. Juste à côté, même. Au Palais des Tuileries. C'était Napoléon III… Or, en France, général, le pouvoir ne fait pas bon ménage[3] avec les histoires de cœur. Surtout quand il s'agit d'une simple comédienne. Alors, comme il tient à elle, il l'installe ici, dans cet appartement. *(Il se lève.)* Et pour plus de discrétion, il aménage[4] cet escalier… *(Il appuie à un endroit spécifique du mur, et la porte dérobée[5] s'ouvre.)* Il est un peu raide, c'est vrai. Mais si vous l'empruntez, vous verrez qu'il ne conduit pas à l'entrée principale de la rue de Rivoli, où vos soldats sont regroupés, mais rue du Mont-Thabor, une petite rue étroite située juste derrière l'hôtel. De cette façon, l'Empereur n'avait qu'à traverser le jardin des Tuileries, se glisser dans la rue, puis par cet escalier, et il retrouvait Miss Howard… La France ne s'en portait pas plus mal.

CHOLTITZ : Assez !

Choltitz referme brutalement la porte.

NORDLING : Que se passe-t-il ? Vous n'appréciez[6] pas cet escalier autant que notre ancienne locataire[7] ?

Choltitz décroche le téléphone.

1 croustillant/e *adj.*: amusant/e *adj.*
2 faire grâce à qn de qc: jdm etw. ersparen
3 faire bon ménage avec qc: *ici* accepter
4 aménager: installer
5 la porte dérobée: Geheimtür
6 apprécier: aimer
7 le/la locataire: Mieter/in

CHOLTITZ : *(au téléphone)* Choltitz. Envoyez immédiatement deux hommes rue du Mont-Thabor, derrière l'hôtel. *(À Nordling.)* Quel numéro ?

NORDLING : Il n'y a pas de numéro.

CHOLTITZ : Alors où est-ce ?

NORDLING : Voyons, général. Est-ce bien nécessaire ? Je doute fort que Napoléon III ait le désir de venir ce matin.

Choltitz sort un pistolet rangé dans le premier tiroir du bureau et le pointe sur[1] *Nordling.*

CHOLTITZ : Où est-ce ? Je n'hésiterai pas, monsieur Nordling.

NORDLING : Vous paraissez sincère. C'est la fontaine qui fait l'angle[2] avec la rue de Castiglione. On entre par le socle. Sur le côté gauche.

CHOLTITZ : *(au téléphone)* Postez-les à l'angle de la rue de Castiglione, devant la fontaine. Sans tarder. *(Choltitz raccroche et pose son arme sur le bureau. À Nordling.)* Vous ne m'avez pas laissé le choix, monsieur le consul. Deux ou trois mille terroristes sont là-dehors et cracheraient volontiers sur mon cadavre ! J'espère que votre visite en vaut la peine, et que vous n'avez pas exposé[3] la vie de mes hommes et la mienne pour une broutille[4]. *(Il s'assied et ouvre le classeur apporté par Mayer. Il le feuillette*[5]*.)* Eh bien, je vous écoute ! Que voulez-vous ? Je n'ai pas toute la matinée à vous accorder[6].

1 pointer sur: diriger sur
2 faire l'angle *m.*: auf der Ecke liegen
3 exposer: *ici* mettre en danger
4 la broutille *fig.*: Lappalie
5 feuilleter: blättern
6 accorder: einräumen, zur Verfügung stellen

NORDLING : Peut-être pourriez-vous commencer par ranger votre arme.

Choltitz hésite, puis s'exécute[1].

CHOLTITZ : Alors ?

NORDLING : Merci beaucoup. Puisque nous sommes à nouveau entre nous, je suis venu vous proposer de mettre fin à tout ça, justement… Ces terroristes, comme vous dites, sont chez eux. Ils se défendent. Quoi de plus naturel ?

On entend des coups de feu assez proches. Choltitz frappe du poing sur la table.

CHOLTITZ : Encore ces cochons de Français ! *(Il va au balcon.)* Je les écraserai[2] ! Je les écraserai tous, vous m'entendez. Jusqu'au dernier ! *(Il se penche vers la rue.)* On ramassera leurs miettes[3]. Voilà comment j'y mettrai fin !

Il sort du balcon et ferme aux trois quarts la porte-fenêtre. De temps à autre, on entendra en sourdine[4] *des salves de mitraillette, des coups de feu, des bruits de pas, des voix…*

NORDLING : J'en doute, général. Tuez-en un, vous en ferez naître deux autres.

CHOLTITZ : Tout dépend des moyens, monsieur le consul. Croyez-moi, ces terroristes ne vont pas tarder à comprendre qu'on ne brave[5] pas le Reich. Jusqu'ici nous avons été plus que conciliants[6]. Nous n'avons jamais tué personne pour le plaisir de tuer. Mais par simple obligation. Par représailles[7]… Il y a deux semaines encore, Paris était ce qui pouvait arriver de mieux à un

1 s'exécuter: se décider à faire qc qu'on ne veut pas faire
2 écraser: vaincre
3 les miettes *f. pl.*: *ici* les restes *m. pl.*
4 en sourdine: gedämpft
5 braver qn: s'opposer à qn
6 conciliant/e *adj.*: entgegenkommend, verbindlich
7 les représailles *f. pl.*: Vergeltung

officier. C'était le territoire le plus discipliné, le plus docile[1] de toute l'Europe nazie. Un gradé[2] qui était muté[3] ici savait qu'il laissait la guerre derrière lui et qu'il ne manquerait de rien. Les seules batailles qu'il avait à livrer visaient à s'emparer de[4] la meilleure table dans un restaurant ou un de ces cabarets à la mode. Les Parisiens sont des lâches, voyez-vous. Ils se terrent[5] chez eux depuis quatre ans. L'avancée ennemie[6] en Normandie en a fait sortir quelques-uns. Et depuis ils nous attaquent, ils nous défient[7], ils tuent mes hommes par dizaines… Mais ils le paieront. Et je ne ferai aucune distinction entre les terroristes et les autres. J'ai été nommé à Paris pour ramener l'ordre. Je compte bien faire davantage.

NORDLING : Et que comptez-vous faire exactement ?

CHOLTITZ : Vous verrez bien. En attendant vous feriez mieux de quitter cette ville, et au plus vite. Vous n'avez rien à voir avec tout cela.

Choltitz se replonge dans ses télégrammes.

NORDLING : Quitter Paris ? Allons donc… Et pour aller où ?

CHOLTITZ : Je ne sais pas. Retournez chez vous.

NORDLING : Vous ne comprenez pas. Je suis chez moi. C'est vous qui n'y êtes pas.

CHOLTITZ : *(relevant la tête)* Excusez-moi ?

1 docile *m./f. adj.*: qui obéit facilement
2 le gradé: l'officier *m.*
3 muter qn: déplacer qn
4 s'emparer de: occuper, prendre
5 se terrer: se cacher
6 l'avancée *f.* ennemie *adj.*: feindlicher Vormarsch
7 défier qn: provoquer qn

NORDLING : Certes, nous sommes deux étrangers. Je suis suédois et vous êtes allemand. Mais je suis né à Paris, j'y ai vécu toute ma vie. Vous n'êtes là que depuis quinze jours.

CHOLTITZ : Et alors ?

NORDLING : Alors, je connais ces hommes et ces femmes. Ils ne vous laisseront jamais en paix. Ils ont abandonné leur travail, leur confort, leur famille.

CHOLTITZ : Que voulez-vous que ça me fasse ?

NORDLING : Ils y laisseront leur vie, s'il le faut.

CHOLTITZ : Mais nous aussi ! C'est la guerre, ce n'est pas une partie de plaisir.

NORDLING : C'est la guerre, oui… Mais combien êtes-vous, général ? Trois… Quatre mille…

Ils sont plus de trois millions de l'autre côté. Aujourd'hui, demain, ils ne feront de vous qu'une bouchée[1].

CHOLTITZ : *(riant)* Les Français ! Ces lâches ? Ces cochons ? Ce peuple de dégénérés[2]… Une bouchée ? Et vous dites les connaître ? Vous êtes diplomate, monsieur Nordling. Pas militaire. Ne venez pas me donner de leçons. Allons… Trois millions de Français, c'est quoi ? Ce n'est rien. C'est du vent. Je les brise d'un revers de la main[3].

NORDLING : Monsieur le gouverneur. Deux divisions blindées font route en ce moment même vers Paris. Deux divisions alliées. Vous le savez. Et je le sais. Inutile de vous voiler[4] la face. Deux divisions, c'est-à-dire trente ou quarante mille soldats, contre lesquels vous

1 ne faire qu'une bouchée de qn: triompher de qn
2 le dégénéré: l'idiot *m.*, l'imbécile *m.*
3 briser qn d'un revers de la main: jdn mit einem Handschlag zerbrechen
4 voiler: masquer

ne pouvez rien, vont entrer dans cette ville d'un instant à l'autre pour prêter main-forte[1] à la population. Que ferez-vous alors ?

CHOLTITZ : Je vous trouve bien arrogant, tout d'un coup. Mais que croyez-vous ? Que l'ennemi est seul à rouler vers Paris ? et que nous l'attendons tranquillement, en nous tournant les pouces[2] ? L'armée allemande n'est pas stupide à ce point[3]. Cette ville est à nous : nous l'avons conquise[4], nous la garderons ! Quels qu'en soient les moyens. Dites-vous bien que la croix gammée[5] flottera ici pendant mille ans. L'enjeu[6] politique et militaire est trop important pour que nous y renoncions. Qui tient Paris, tient la France. C'est aussi simple que ça. Et la France nous sert de bouclier[7]. Nos renforts sont en chemin. Rassurez-vous. Quatre divisions de panzer S.S., parties du Danemark il y a six jours. Avec elles personne ne nous délogera[8]. Alors ne comptez pas sur la présence de quelques troufions[9] pour le faire.

NORDLING : Vous ne parlez pas j'espère de ces quatre divisions bloquées depuis hier au nord de Soissons ? Non, bien sûr. Vous en attendez d'autres…

Un silence pendant lequel les deux hommes s'observent.

1 prêter main-forte à qn: aider qn
2 se tourner les pouces *m. pl.*: Däumchen drehen
3 à ce point: tellement *adv.*
4 conquérir: erobern
5 la croix gammée: Hakenkreuz
6 l'enjeu *m.*: l'importance *f.*
7 le bouclier: Schild
8 déloger qn: chasser qn
9 le troufion: *fam.* le simple soldat

Sujets d'étude

A. Pendant la lecture

1. Indiquez les points de vue différents de Nordling et de Choltitz sur la situation militaire.
2. Analysez la réaction de Choltitz à l'histoire de la porte dérobée.
3. Caractérisez Nordling. Travaillez d'après la méthode REP (Réfléchir, Échanger, Partager).
   a) Travail individuel: quels sont les trois adjectifs qui le caractérisent le mieux? Notez-les et justifiez votre choix en vous référant au texte (indiquez page et lignes).
   b) Travail en groupe de quatre: échangez et discutez vos propositions individuelles. Trouvez une solution commune.
   c) En classe, présentez et discutez les fruits du travail en groupe et notez un résultat provisoire sur un poster. Pendant la lecture des prochaines parties, complétez-le ou corrigez-le au fur et à mesure.
4. Étudiez la relation de Nordling avec Paris.
5. Précisez l'opinion de Choltitz sur les Français et leurs troupes.

B. Après la lecture

1. Jugez les idées de Choltitz et son attitude envers la France et la ville de Paris.
2. Faites des recherches et préparez de petits exposés sur:
   a) Napoléon III
   b) Mme Harriet Howard
   c) le Second Empire

CHOLTITZ : Bon. Mon temps presse, monsieur Nordling. Alors dites-moi ce que vous voulez.

NORDLING : Je vous l'ai dit. Il fallait que je vous voie sans témoins.

CHOLTITZ : C'est fait. Quoi d'autre ?

NORDLING : Vous paraissez nerveux, général. Détendez-vous. Asseyez-vous... Ce n'est pas encore le jour et il fait déjà une chaleur épouvantable[1]. Peut-être pourrions-nous boire quelque chose ?

CHOLTITZ : Certainement pas. Parlez ou partez ! Décidez-vous.

NORDLING : Comme vous voudrez. *(Il sort une lettre de sa poche.)* Mon ambassade a été contactée cette nuit par le général français qui commande les deux divisions qui avancent vers vous. Il m'a chargé, enfin plutôt demandé, de vous remettre cette lettre.

CHOLTITZ : Une lettre ? D'un général français ?

NORDLING : Oui.

CHOLTITZ : Intéressant... Vous connaissez donc ce général ?

NORDLING : J'en ai entendu parler, comme tout le monde.

CHOLTITZ : Vous ne l'avez jamais rencontré.

NORDLING : Pas encore.

CHOLTITZ : Alors pourquoi votre ambassade[2] ?

NORDLING : Je ne sais pas... J'imagine qu'on a dû lui dire que j'avais déjà servi d'intermédiaire[3] entre vous et les résistants... Et même si ça n'a pas porté ses fruits, il doit savoir que nous entretenons de bons rapports, vous et moi.

CHOLTITZ : De bons rapports...

1 épouvantable *m./f. adj.*: terrible *m./f. adj.*

2 l'ambassade *f.*: *ici* la mission

3 l'intermédiaire *m./f.*: Vermittler/in

NORDLING : Oui. C'est le cas, n'est-ce pas ? *(Choltitz reste silencieux.)* Maintenant il a peut-être estimé tout simplement que, représentant un pays neutre, cela faciliterait ma tâche.

CHOLTITZ : Peut-être… Et c'est donc pour cette raison que vous êtes là. Pour me remettre cette lettre.

NORDLING : Oui.

Un temps.

CHOLTITZ : Vous travaillez pour qui, monsieur Nordling ?

NORDLING : Je vous demande pardon ?

CHOLTITZ : Vous travaillez pour qui ?

NORDLING : Je ne comprends pas.

CHOLTITZ : Un général français, que vous ne connaissez pas, vous réveille en pleine nuit. Et vous, vous accourez[1].

NORDLING : Si je peux contribuer[2] à apaiser[3] les choses.

CHOLTITZ : C'est évident. Faites voir votre lettre. *(Il prend la lettre, la soupèse[4], et la déchire calmement.)* Je n'ai pas pour habitude d'échanger des lettres avec un général ennemi avant la fin des combats[5].

NORDLING : C'est exactement ce que je lui ai dit… Mais à votre place, je l'aurais lue d'abord. Ne serait-ce que par curiosité.

CHOLTITZ : Parce que vous croyez que je ne connais pas le contenu de cette lettre ? Eh bien, si ça vous amuse, dites à cet histrion[6] que je n'accepte pas les ultimatums. Reprenez ça.

Choltitz dépose la lettre en morceaux sur un coin du bureau.

1 accourir: venir en courant
2 contribuer à faire qc: dazu beitragen, etw. zu tun
3 apaiser: calmer
4 soupeser: mit der Hand abwiegen
5 le combat: Gefecht, Kampf
6 l'histrion *m.*: *péj.* le comédien

NORDLING : En effet. C'est bien de cela qu'il s'agit. Vous êtes très fort.

CHOLTITZ : C'est plus simple que ça. C'est l'usage[1] en pareilles circonstances.

NORDLING : Ah. C'est l'usage. Je ne le savais pas. Et vous, vous vous devez[2] de refuser ? C'est aussi l'usage j'imagine.

CHOLTITZ : Non. Ce sont les ordres. Et je n'ai jamais discuté un ordre.

NORDLING : Évidemment… Vous ne seriez pas général, sinon. Mais si un ordre est aberrant[3], et qu'il mette en péril[4] votre vie et celle de vos hommes, vous êtes en droit de ne pas l'approuver n'est-ce pas ?

CHOLTITZ : Je n'ai jamais reçu d'ordre aberrant.

NORDLING : Jamais ?

CHOLTITZ : Jamais.

NORDLING : Écoutez : vous ne pouvez pas défendre Paris avec trois ou quatre mille hommes. C'est impossible, vous le savez bien. Cela équivaudrait[5] à un suicide. Vous n'éviterez pas un bain de sang, et pour finir une capitulation déshonorante[6]. Le général Leclerc vous fait une offre : il vous garantit une reddition[7] honorable. Pour vous et l'Allemagne… Il ne pose que deux conditions en échange. Un : il veut que vous vous rendiez sans combattre[8]. Et deux : que vous lui remettiez Paris comme vous l'avez trouvé. C'est-à-dire intact. Rien de plus. Réfléchissez général. *(Un silence.)*

1 l'usage *m.*: l'habitude *f.*
2 se devoir: être obligé
3 aberrant/e *adj.*: absurde *m./f. adj.*
4 le péril: le danger
5 équivaloir: signifier
6 déshonorant/e *adj.*: honteux/-euse
7 la reddition: la capitulation
8 combattre → le combat

Je sais que ça ne doit pas être facile à accepter, mais une fois que j'aurai transmis[1] votre réponse, je ne pourrai plus revenir en arrière[2]. Sincèrement, je crois que c'est l'unique moyen[3] pour que vous ne perdiez pas la face. Après tout, vous ne pouviez pas prévoir que vos renforts seraient immobilisés. Votre honneur est sauf[4]... Ne faites pas la même erreur que von Paulus[5] à Stalingrad[6]... Rendez-vous maintenant, pendant qu'il est encore temps.

CHOLTITZ : Vous êtes marié, monsieur le consul ?

NORDLING : Marié ?

CHOLTITZ : Oui.

NORDLING : Oui, en effet...

CHOLTITZ : Vous avez des enfants ?

NORDLING : Des enfants ? Non. Malheureusement, non.

CHOLTITZ : Alors vous ne pouvez comprendre qu'à moitié.

NORDLING : Comprendre quoi ?

CHOLTITZ : Rien. Je vous demanderai de sortir, maintenant. J'ai du travail.

NORDLING : Général...

CHOLTITZ : Ne discutez pas, je vous prie. Sortez.

NORDLING : Et que dois-je dire au général Leclerc ?

CHOLTITZ : C'est vrai, j'oubliais... Dites-lui simplement qu'il se souviendra de cette journée... Brensdorf. *(Un temps. Il se tourne vers la porte d'entrée.)* Brensdorf !

La porte s'ouvre et Brensdorf apparaît.

BRENSDORF : Mon général ?

1 transmettre: faire passer

2 ne pas pouvoir revenir en arrière: nicht mehr zurück können

3 l'unique *m./f. adj.* moyen: le seul moyen

4 sauf/-ve *adj.*: intacte *m./f. adj.*

5 Paulus: général allemand

6 Stalingrad: ville en Russie où l'armée allemande a subi une défaite écrasante

CHOLTITZ : *(à Brensdorf)* Venez. Je vous confie[1] monsieur Nordling. Raccompagnez-le jusqu'à son ambassade.

Brensdorf est troublé par la présence de Nordling.

BRENSDORF : Monsieur… Bien, mon général.

CHOLTITZ : *(à Nordling)* C'est du côté de la gare Saint-Lazare, c'est ça ?

NORDLING : Écoutez, permettez-moi d'insister, je n'aurai…

CHOLTITZ : Est-ce du côté de la gare Saint-Lazare ? !

NORDLING : À deux pas. Oui.

Choltitz observe la carte murale de Paris.

CHOLTITZ : *(à Brensdorf)* Bon… Conduisez monsieur Nordling en dehors de Paris. Ici : au bois de Boulogne… Ensuite, vous vous rendrez directement à Neuilly. Vous y rejoindrez[2] le lieutenant von Arnim.

BRENSDORF : À vos ordres.

CHOLTITZ : Prenez deux hommes avec vous. Allez. *(Brensdorf incline la tête et se dirige vers Nordling.)* Une dernière chose, Brensdorf. Monsieur Nordling n'était pas dans mon bureau ce matin. Suis-je assez clair ?

BRENSDORF : Oui, tout à fait mon général.

Le téléphone sonne.

CHOLTITZ : Bien. Allez-y maintenant. *(Il décroche.)* Choltitz. *(Nordling prend calmement son chapeau et ses gants.)* Oui, oui, je sais. Où en êtes-vous ? *(Un temps bref.)* Attendez un instant. *(Et à Nordling.)* Je vous prierai de sortir à présent, monsieur Nordling. *(Puis à Brensdorf, en lui indiquant Nordling.)* Brensdorf.

BRENSDORF : *(à Nordling)* Veuillez me suivre, je vous prie.

Brensdorf entraîne Nordling vers la porte. Celui-ci désigne le téléphone.

1 confier qn à qn: jdn jdm anvertrauen
2 rejoindre qn: retrouver

NORDLING : C'est le lieutenant Hegger, je suppose. Je crains qu'il n'ait pas de très bonnes nouvelles à vous annoncer… Tenez. Je vous laisse ça, à tout hasard[1]. C'est un double de la lettre que vous avez déchirée.

Nordling dépose la lettre sur le bureau et s'éloigne avec Brensdorf.

CHOLTITZ : Attendez Brensdorf. *(Il hésite et reprend le combiné[2].)* Je vous écoute, lieutenant. *(Un temps.)* Comment ça ? *(Un temps.)* Détruit ? Mais détruit par qui ? *(Un temps.)* D'où sortaient-ils, ces cochons ? *(Un temps.)* Non mais vous vous foutez de[3] moi ? Vous ne pouviez pas y penser plus tôt, non ? Vous n'êtes qu'un imbécile nom de Dieu ! Postez immédiatement deux de vos hommes sur les toits ! *(Il baisse le combiné. À Brensdorf.)* Sortez, Brensdorf ! *(Brensdorf entraîne Nordling vers la porte.)* Non. Seul ! Sortez seul. Je me charge[4] de monsieur Nordling !

BRENSDORF : Bien, mon général…

Brensdorf s'incline et sort, tandis que Choltitz reprend le combiné.

CHOLTITZ : Oui ! Quelle est l'importance des dégâts[5] ? *(Un temps.)* Eh bien, débrouillez-vous[6] ! Vous avez dix minutes ! Pas une de plus ! *(Choltitz va pour raccrocher.)* Quoi ? *(Un temps.)* Non ! Ne perdez pas votre temps avec cette racaille[7] ! Fusillez[8]-les tous les trois ! *(Il raccroche.)* Cochons de Français ! *(À Nordling, qui lui tourne le dos et fait face à la carte murale de*

1 à tout hasard: rein zufällig
2 le combiné: Telefonhörer
3 se foutre de qn: *fam.* se moquer de
4 se charger de: s'occuper de
5 le dégât: Schaden
6 débrouillez-vous: schauen Sie, wie Sie zurecht kommen
7 la racaille: Pack
8 fusiller: tuer

Paris.) Je crois que je vous laissais partir un peu trop vite, monsieur le consul. Vous ne m'avez pas tout dit… Comment le saviez-vous ?

Les premières lueurs du jour pénètrent[1] *par le balcon.*

NORDLING : Pardonnez-moi ?

CHOLTITZ : Que c'était le lieutenant Hegger ?

NORDLING : Oh, simple déformation professionnelle. J'adore écouter aux portes. À ce sujet le Café Karl ne fait plus de bretzels depuis longtemps, vous savez. Rupture de stock[2]… C'est le caporal Mayer qui va être déçu.

CHOLTITZ : Non mais qu'est-ce que ça veut dire ? Depuis quand étiez-vous derrière cette porte ?

NORDLING : Dites-moi, c'est ravissant[3] ces petits drapeaux noirs. C'est pour donner du relief à votre carte ?

CHOLTITZ : En voilà assez ! *(Nordling détache un drapeau rouge de la carte.)* Et regardez-moi quand je vous parle !

Nordling se tourne.

NORDLING : Oui ?

CHOLTITZ : Que savez-vous exactement ? Qui a renseigné ces trois terroristes ?

NORDLING : Des terroristes ? Quels terroristes ?

CHOLTITZ : Ne faites pas semblant[4] de ne pas comprendre ! Le travail du lieutenant Hegger vient d'être saboté.

NORDLING : C'est regrettable, en effet. Malheureusement je n'en ai pas la moindre idée.

1 pénétrer: entrer
2 la rupture de stock: Vorräte sind ausgegangen
3 ravissant/e *adj.*: joli/e *adj.*
4 faire semblant de: faire comme si

CHOLTITZ : Alors comment saviez-vous qu'il serait retardé[1] ? L'emplacement[2] de sa section n'était connu que de moi seul, et du capitaine Ebernach.

NORDLING : À vrai dire, je n'en savais rien. Je l'espérais seulement.

CHOLTITZ : Je vous conseille d'arrêter, monsieur Nordling.

NORDLING : Volontiers. Arrêter quoi ?

CHOLTITZ : Dans votre intérêt, répondez à mes questions.

NORDLING : Je croyais que j'y répondais déjà.

CHOLTITZ : Depuis quand m'espionnez-vous pour le compte des Français ? *(Un silence.)* J'attends !

NORDLING : Je crains de vous décevoir une nouvelle fois.

CHOLTITZ : Nous verrons bien. Répondez, je vous prie.

NORDLING : Je ne travaille pas pour les Français.

CHOLTITZ : Alors pour qui ? Les Anglais, les Américains ?

NORDLING : Vous me donnez trop d'importance, monsieur le gouverneur. J'agis pour mon compte personnel. Uniquement.

CHOLTITZ : Vous me prenez pour un imbécile ?

NORDLING : Si vous le permettez, je préfère ne pas répondre à cette question.

Nordling se retourne vers la carte et plante le drapeau rouge qu'il avait détaché[3].

CHOLTITZ : Retournez-vous, bon Dieu ! Je n'ai pas fini !

NORDLING : Un petit instant, s'il vous plaît. Je réactualise[4].

Nordling rapproche d'autres drapeaux rouges de Paris.

CHOLTITZ : Retournez-vous ! *(Il ouvre le tiroir du bureau et prend à nouveau son pistolet.)* Pour la dernière fois, monsieur Nordling : retournez-vous.

1 retarder: verzögern
2 l'emplacement *m.*: la position
3 détacher: éloigner
4 réactualiser: mettre à jour

Nordling se retourne et aperçoit le pistolet braqué[1] *sur lui.*

NORDLING : C'est une manie chez vous.

CHOLTITZ : Ôtez-vous[2] de cette carte. Maintenant.

Nordling avance, puis fait signe de lever les mains.

NORDLING : Faut-il…

CHOLTITZ : Ce ne sera pas nécessaire. Asseyez-vous là.

NORDLING : Que comptez-vous faire ?

CHOLTITZ : Ça dépendra de vous. Asseyez-vous. *(Nordling s'assied.)* Je vais vous dire ce qui s'est passé. Vous êtes arrivé dans la nuit. Vous êtes effectivement passé derrière l'hôtel et par cet escalier. Mais vous n'étiez pas seul. Vous aviez un complice avec vous. Un de ces terroristes. Vous vous êtes embusqués[3] ensemble derrière cette porte. Et vous avez attendu d'obtenir les renseignements que vous étiez venus chercher. Ensuite cet homme est allé prévenir vos amis. Quant à vous, vous êtes entré… Vous deviez gagner du temps. Vous saviez que je ne renoncerais pas à mes projets, et que ce n'était pas la lettre d'un petit général qui allait me faire changer d'avis. Sauf, bien sûr, si le travail de mes hommes était saboté, et que je n'avais pas d'autre solution que de négocier[4]… C'est bien ça, n'est-ce pas ? Avouez… Au moins nous sommes d'accord sur un point. C'est impossible de défendre Paris, en l'état, avec deux mille hommes… Vous savez ce que nous faisons aux hommes comme vous, monsieur Nordling ?

NORDLING : Je crois qu'on les décore[5].

1 braquer: diriger
2 s'ôter de: weggehen von
3 s'embusquer: *ici* se cacher
4 négocier: verhandeln
5 décorer: donner une médaille d'honneur

CHOLTITZ : Vous croyez ? Alors à titre posthume[1], uniquement… Debout. Et avancez vers le mur.

Un temps. Nordling se lève et fait quelques pas. Choltitz le suit, le pistolet à la main. Il l'arme[2]…

1 à titre posthume: posthum, nach dem Tode
2 armer: *hier* durchladen

Sujets d'étude

A. Pendant la lecture

1. Décrivez la relation entre Nordling et Choltitz.
2. Reconstruisez le contenu de la conversation téléphonique entre Choltitz et le lieutenant Hegger.
3. Analysez la réaction de Choltitz au moment où Nordling lui donne la lettre d'un général français.
4. Étudiez la discussion entre Choltitz et Nordling sur l'obéissance aux «ordres» (p. 31, l. 5–p. 32, l. 9).
5. Expliquez pourquoi Nordling n'ayant pas d'enfants ne peut «comprendre qu'à moitié» la situation de Choltitz (p. 32, l. 16).

B. Après la lecture

1. Pour vous, lequel des deux personnages vous paraît être le plus convaincant ? Justifiez votre point de vue.
2. En groupes de trois, créez des tableaux figés des deux protagonistes – un metteur en scène et deux acteurs – en vous référant à leur discussion. Après avoir terminé votre travail, le metteur en scène explique son tableau, les deux acteurs s'expriment dans leur rôle (Je suis le général allemand Choltitz / le consul général de Suède Nordling et ...).
3. À la fin du passage, Choltitz suit Nordling, le pistolet à la main. Il l'arme. – Comment la pièce va-t-elle continuer?

NORDLING : Vous oubliez juste une chose, monsieur le gouverneur.

CHOLTITZ : Ah oui ?

NORDLING : Un petit détail.

CHOLTITZ : Tiens donc.

NORDLING : Si véritablement j'étais de connivence[1] avec les résistants, et connaissant l'existence de cet escalier… Croyez-vous sincèrement, en votre âme et conscience[2], que vous seriez encore en vie ? *(Les deux hommes se dévisagent un moment.)* En deux semaines. Combien de fois aurais-je pu pénétrer ici avec des hommes armés ? Ce ne sont pas les occasions qui m'auraient manqué… À plus forte raison[3] cette nuit. Qu'en pensez-vous ? Allez, rangez votre arme. Ça vaut mieux pour nous deux. Et causons[4] sérieusement, voulez-vous ? *(Il prend la carafe d'eau et se sert.)* La Suède est un pays neutre monsieur le gouverneur, elle a toujours su rester neutre, en dépit des[5] deux guerres. Ce n'est pas moi qui y changerai quoi que ce soit[6].

Nordling boit un peu d'eau. Sa main tremble.

CHOLTITZ : Dans ce cas que faites-vous là ?

On perçoit, au milieu d'une lumière rouge vif, le toit des immeubles et le dôme des Invalides.

NORDLING : Je suis là pour ça. *(Il s'approche du balcon.)* Pour qu'un jour vos enfants puissent voir cela aussi. Regardez… L'aube sur Paris.

CHOLTITZ : Restez à distance du balcon.

NORDLING : Pardon ?

1 être de connivence avec qn: mit jdm unter einer Decke stecken
2 en votre âme et conscience: in innerster Überzeugung
3 à plus forte raison: um so mehr
4 causer: parler
5 en dépit de: malgré
6 quoi que ce soit: egal, was

CHOLTITZ : Vous pourriez faire signe à des hommes de l'autre côté.

NORDLING : Je vous en prie…

CHOLTITZ : Reculez[1].

NORDLING : Enfin, quelle preuve vous faut-il ?

CHOLTITZ : Passez de ce côté du bureau. Allez… Et asseyez-vous.

NORDLING : Il ne faut pas avoir d'arthrose[2] avec vous.

CHOLTITZ : Ne discutez pas. Asseyez-vous.

Nordling reste debout. Puis il indique la photo posée sur le bureau.

NORDLING : Quel âge ont vos enfants, monsieur Choltitz ?

CHOLTITZ : Laissez mes enfants en dehors de ça.

NORDLING : Vous pouvez répondre, vous savez. Vous ne trahirez aucun secret, je vous assure.

Choltitz jette à son tour un œil à la photo. Il pose son arme.

CHOLTITZ : Mes filles ont quatorze et huit ans. Mon fils vient d'avoir quatre mois.

NORDLING : Quatre mois ! Mes félicitations. Eh bien quand j'avais l'âge de votre fille cadette, huit ans environ, je me demandais souvent comment un nom aussi simple que celui de Paris pouvait représenter toutes ces choses que l'on voit de votre balcon. Toutes ces rues, ces maisons, ces places, tous ces squares aussi. J'avais du mal à imaginer comment toutes ces choses, et surtout comment tous ces gens, pouvaient tenir dans une ville qui portait un nom si court. Alors je me répétais inlassablement[3] son nom : Paris… Paris… en espérant y trouver une réponse. Autant vous dire que[4]

1 reculer: zurückweichen
2 il ne faut pas avoir d'arthrose *f.*: etwa man muss beweglich sein, darf nicht unter Arthrose (Gelenkerkrankung) leiden
3 inlassablement *adv.*: unermüdlich
4 autant vous dire que: mit anderen Worten

je ne l'ai jamais trouvée. Et voyez-vous, à soixante ans passés, il m'arrive encore de ruminer[1] des pensées qui ne sont pas si différentes de celles de mon enfance. Mais au moins ai-je compris ceci : c'est ici, et nulle part ailleurs[2], que doit battre le cœur du monde. *(Un silence.)* Pourquoi tenez-vous tant à détruire cette ville, monsieur le gouverneur ?

CHOLTITZ : Ce ne sont pas vos affaires.

NORDLING : Au contraire. Détrompez-vous[3]. Si on ne m'avait pas demandé d'entrer en contact avec vous ce matin, je dormirais encore, sans me douter de rien… Comme tous ces gens que vous vous apprêtez[4] à tuer dans peu de temps.

CHOLTITZ : Je vous ai demandé de vous asseoir, monsieur Nordling.

NORDLING : Ce sont des civils. *(Il s'avance vers Choltitz.)* Des civils, pour qui cette guerre est une aberration[5], et qui n'ont jamais commis le moindre forfait[6] contre vous.

CHOLTITZ : Ah… Et puis arrêtez de parler et de gesticuler sans arrêt. Vous me donnez mal à la tête.

NORDLING : Mais qu'est-ce qu'une vie pour vous, monsieur Choltitz ? Dites-moi : qu'est-ce qu'une vie ? Vous vous sentez vraiment le courage de réduire à néant[7] toutes celles qui sont là-dehors ? Et parmi toutes celles qui vont périr[8], combien y a-t-il d'enfants qui ont l'âge des vôtres ? Vous y avez réfléchi ?

1 ruminer: grübeln
2 nulle part ailleurs: nirgendwo anders
3 détrompez-vous: glauben Sie es nicht
4 s'apprêter à faire: se préparer à faire
5 l'aberration *f.* → aberrant/e *adj.*
6 le forfait: le crime
7 réduire à néant: vernichten
8 périr: *litt.* mourir

CHOLTITZ : Taisez-vous maintenant ! Ça vous va bien d'entrer ici comme un voleur, et de me faire des leçons de morale ! Laissez-moi vous rappeler une chose, monsieur Nordling : il y a un an, entre juillet et août 43, vos amis ont déversé[1] plus de dix mille tonnes d'explosifs sur Hambourg. Dix mille tonnes ! La plupart étaient au phosphore. Vous savez ce que ça veut dire ? Tous ceux qui n'ont pas péri déchiquetés[2] ou carbonisés[3] ont péri étouffés[4] ! La gorge et les poumons[5] en feu ! C'étaient des civils eux aussi. Enfants... vieillards... Aucun d'entre eux n'avait pris part aux combats. Qu'avez-vous fait alors ? Vous ne trouvez pas curieux qu'on ne vous entende jamais vous insurger[6] quand ce sont nos civils à nous qui se font tuer par l'ennemi, avec une barbarie sans nom et sans aucun motif militaire ?

NORDLING : Vous êtes mal renseigné, général. Ou alors vous n'êtes pas suffisamment attentif à nos déclarations. Mon ambassade et moi-même avons toujours dénoncé[7] ces actions, quel que soit l'agresseur.

CHOLTITZ : En tout cas vous ne les avez jamais dénoncées avec l'ardeur[8] que vous déployez[9] aujourd'hui. Certainement pas !

NORDLING : Ainsi, si je comprends bien : puisque les Alliés ont détruit une ville, ça vous donne le droit

1 déverser: auskippen
2 déchiqueté/e *adj.*: zerfetzt
3 carbonisé/e *adj.*: verkohlt
4 étouffé/e *adj.*: erstickt
5 le poumon: Lunge
6 s'insurger: se révolter
7 dénoncer: faire connaître
8 l'ardeur *f.*: l'énergie *f.*, l'intensité *f.*
9 déployer: manifester

d'en détruire une aussi. C'est bien ça ? À moins, bien sûr, que[1] vous ne soyez en train de vous chercher des excuses.

CHOLTITZ : Qu'est-ce que vous dites ?

NORDLING : Oui, vous ne me ferez pas croire que vous agissez sans scrupule.

CHOLTITZ : Croyez ce que vous voulez, j'ai ma conscience pour moi. Paris subira le même sort que Hambourg, Mannheim, ou Berlin. Chacun aura ses martyrs. Vous voilà fixé[2].

NORDLING : Bon. Ça fera de vous un criminel, voilà tout.

CHOLTITZ : Un criminel ? *(Il sourit.)* Voyez-vous cela.

NORDLING : Absolument. Connaissez-vous le nom des pilotes qui ont bombardé Hambourg ? Moi non plus d'ailleurs. Et je doute fort qu'on les connaisse un jour. Tandis que vous, vous êtes en première ligne. Votre nom restera à jamais attaché à la destruction de Paris.

CHOLTITZ : Et en quoi cela ferait de moi un criminel, je vous prie ?

NORDLING : Simplement parce que l'anéantissement[3] d'une ville, hors d'une zone de combat, est un acte criminel.

CHOLTITZ : Nous sommes bien d'accord.

NORDLING : Et Paris, autant que je sache, ne fait pas partie d'une zone de combat.

CHOLTITZ : C'est exact… Du moins jusqu'à cette nuit. À 3 h 10 exactement, votre général a percé notre défense extérieure. En attaquant nos bases, il a rompu la neutralité de sa ville. Maintenant, il la menace directement. En tant que gouverneur de cette place, je me dois de répondre. Et c'est à moi et à moi seul

1 à moins … que: es sei denn, dass …
2 vous voilà fixé: jetzt wissen Sie Bescheid
3 l'anéantissement *m.*: la destruction

d'en choisir la manière. Y voyez-vous encore un crime, monsieur le consul ? Pour ma part, je n'y vois qu'une action militaire.

NORDLING : Je vois… C'est donc l'avancée des Alliés qui vous autorise à anéantir[1] cette ville.

CHOLTITZ : C'est en tout cas la meilleure riposte[2] que je puisse leur opposer, oui !

NORDLING : Et cela sans vous soucier, bien entendu, des relations entre la France et l'Allemagne.

CHOLTITZ : Quelles relations ?

NORDLING : Eh bien celles qui unissent deux peuples voisins. Car ne vous faites aucune illusion : si vous détruisez Paris, vous condamnez du même coup tous rapports futurs entre ces deux pays.

CHOLTITZ : Écoutez, nous n'en sommes pas là pour le moment.

NORDLING : Bien sûr que si. C'est votre devoir de laisser une porte ouverte sur l'avenir.

CHOLTITZ : Mon devoir ?

NORDLING : Absolument. En tant qu'Allemand. Et en tant qu'homme aussi.

CHOLTITZ : Non, certainement pas. Mon devoir c'est de mener mes soldats à la victoire. Quels que soient les moyens. Le reste n'a aucune importance.

NORDLING : Franchement je ne vous comprends pas. Vous êtes un général, pas un ruffian[3]. Vous ne pouvez pas laisser faire une chose pareille. Paris ne vous appartient pas !

1 anéantir → l'anéantissement
2 la riposte: la réponse, les représailles *f. pl.*
3 le ruffian: *litt.* le criminel

CHOLTITZ : Mais bon Dieu ! quand cesserez-vous de considérer Paris comme une ville française ? Cette ville est à nous ! Nous en disposons[1] selon notre volonté.

NORDLING : Vous vous trompez, général. Paris n'appartient à personne.

CHOLTITZ : Mais à quel titre êtes-vous ici, à la fin ? Vous êtes consul de Suède ou le maire de cette ville ?

NORDLING : Ni l'un ni l'autre. Ce matin, je ne suis que Raoul Nordling.

CHOLTITZ : Alors écoutez-moi attentivement monsieur Raoul Nordling. Je vais être très clair. Vous ne me ferez pas changer d'avis. Personne ne me fera changer d'avis. Si ces cochons de Français n'avaient pas miné la route de Soissons, nous n'en serions pas là. Alors réglez vos différends[2] avec eux, si vous le désirez. Mais pas avec moi. J'ai reçu des ordres, je les exécute.

NORDLING : Au détriment[3] de milliers de vies humaines ?

CHOLTITZ : Absolument.

NORDLING : Et d'une ville irremplaçable[4] ?

CHOLTITZ : Mais oui. Dans un instant je vais donner l'ordre de détruire Paris. Et Paris explosera. Quoi que vous fassiez. D'ici là, nous allons rester ensemble. Après, je vous conseille de quitter la ville. Voilà. Il n'y a rien d'autre à dire.

1 disposer de qc: über etw. verfügen
2 le différend: le conflit
3 au détriment de: zum Schaden von
4 irremplaçable *m./f. adj.*: unersetzbar

Sujets d'étude

A. Pendant la lecture

1. Exposez comment Nordling considère personnellement la ville de Paris.
2. Expliquez pourquoi, pour Choltitz, les Français sont eux-mêmes responsables de leur situation.
3. Précisez ce que Nordling veut exprimer en disant que «Paris n'appartient à personne.» (p. 46, l. 4–5).

B. Après la lecture

1. Discutez si Choltitz a raison en comparant la destruction prévue de Paris à celle de différentes villes allemandes comme Hambourg ou Mannheim.
2. Dans ce contexte, comment jugez-vous la conviction de Nordling disant que Choltitz deviendrait criminel s'il obéissait à l'ordre de Hitler.

Le jour s'est levé. Le ciel est blanc. Nordling s'approche du balcon. Il n'arrive à rien… Un long silence entrecoupé[1] *par les bruits de pas d'une dizaine de soldats, montant de la rue de Rivoli.*

NORDLING : Croyez bien que je le regrette, oui… Je me suis trompé. Je me suis trompé sur vous général, et sur moi. J'ai cru qu'en venant ici je pourrais vous dissuader[2] de faire une chose aussi folle. Mais j'ai sans doute trop présumé de[3] mes capacités… Ainsi nous ne verrons plus ce Dôme[4]. Nous ne verrons plus le Louvre ni la place de la Concorde. Nous ne verrons plus ces enfants jouer dans les parcs. Ni les deux tours de Notre-Dame, si lumineuses[5] dans l'orage et qui paraissent si sombres, aujourd'hui, contre ce ciel d'été… Tout doit disparaître. Pour toujours. Et vous n'avez aucun remords[6].

CHOLTITZ : Non.

NORDLING : Mais quel homme êtes-vous donc ? Et tout ça pourquoi ? Vous savez très bien que détruire Paris ne vous servira à rien. C'est un acte gratuit[7]. Purement gratuit… L'Allemagne a perdu la guerre. Et vous l'avez perdue avec elle.

CHOLTITZ : Qu'est-ce que vous racontez encore ?

NORDLING : Écoutez : essayons de parler entre gens raisonnables. Vous ne pouvez pas ignorer ce qui se passe. Vous avez commandé en Russie, en Italie, en Normandie… Vous êtes pris à la gorge[8]. Partout. Sur

1 entrecoupé/e *adj.*: interrompu/e *adj.*
2 dissuader qn de faire qc: jdn davon abbringen, etwas zu tun
3 présumer de: compter trop sur
4 le Dôme: *ici* le Dôme des Invalides
5 lumineux/-euse *adj.*: leuchtend
6 le remords: Schuldgefühl
7 gratuit/e *adj.*: sans motif *m.*
8 vous êtes pris à la gorge *fig.*: das Wasser steht Ihnen bis zum Hals

tous les fronts… Alors pourquoi plonger dans le malheur une ville de plusieurs millions d'habitants ? Ça ne vous permettra pas de changer le cours des événements.

CHOLTITZ : Qui vous parle de changer le cours des événements ? En détruisant Paris, nous allons consolider notre position. Ni plus ni moins. Nous prendrons les ruines et nous nous battrons. De cette façon nous conserverons notre mainmise[1] sur la France et nous garderons l'ennemi à distance du Reich.

NORDLING : Mais pour combien de temps, général ? Si les deux divisions du général Leclerc ne vous délogent pas, les Alliés concentreront toutes leurs forces sur Paris. Dans une semaine, quinze jours tout au plus, il ne restera rien de vos deux mille hommes, ni même de vos quatre divisions, si elles vous rejoignent un jour. Tôt ou tard, les Alliés arriveront en Allemagne. Et quand ils y seront, que se passera-t-il à votre avis ? L'Armée rouge est déjà en Pologne, demain elle sera en Roumanie, en Hongrie. Vous serez encerclés[2] et ce sera la fin. *(Silence.)* Vous ne dites rien ? Alors regardez par-là. Regardez cette ville. Et dites-moi si ça en vaut vraiment la peine.

CHOLTITZ : Monsieur Nordling, vous m'agacez. Je n'ai pas de comptes[3] à vous rendre.

NORDLING : Si vous détruisez Paris, vous aurez forcément des comptes à rendre. Pas à moi, non. Mais à tous ceux qui viendront après nous… Réfléchissez, s'il vous plaît. Approchez-vous du balcon, ne serait-ce qu'un instant, et jugez par vous-même.

CHOLTITZ : C'est hors de question.

1 la mainmise: la domination
2 encercler: einkreisen
3 rendre des comptes à qn: jdm Rechenschaft ablegen

NORDLING : Vous préférez ne pas regarder la réalité en face ?

CHOLTITZ : La réalité ? Quelle réalité ? La vôtre ou la mienne ?

NORDLING : Celle qui dit que détruire Paris est absurde. Absurde et démoniaque[1].

CHOLTITZ : La vôtre, donc.

NORDLING : Ce n'est pas uniquement la mienne. Le monde a les yeux braqués sur vous. Et au bout du compte c'est vous, général Dietrich von Choltitz, qui serez tenu pour responsable. *(Un léger temps.)* Et pourquoi ? Pour avoir simplement retardé de quelques semaines l'arrivée des Alliés en Allemagne ? C'est aberrant… Bien sûr, je conçois[2] que vous ayez reçu des ordres, et que vous deviez les exécuter. Quoi de plus naturel[3] pour un militaire… Mais il existe bien une limite au-delà de laquelle l'obéissance cesse d'être un devoir ?

CHOLTITZ : Ce n'est pas à moi d'en juger, monsieur Nordling.

NORDLING : À qui alors ?

CHOLTITZ : Je ne sais pas !

NORDLING : Vous êtes pourtant le mieux placé ici pour y répondre.

CHOLTITZ : Je suis un soldat. Je n'ai pas à me poser ce genre de questions.

NORDLING : Pardonnez-moi, général, mais c'est justement parce que vous êtes un soldat que vous devez vous poser ce genre de questions. Sinon ce serait la porte

1 démoniaque *m./f. adj.*: teuflisch
2 concevoir: comprendre
3 quoi de plus naturel: was wäre normaler

ouverte à toutes les atrocités[1]. Vous pourriez tuer, piller[2], mettre à sac[3], en toute impunité[4], simplement parce qu'on vous en aurait donné l'ordre. Ce serait un peu trop facile, vous ne trouvez pas ? Il y a bien un seuil[5], une limite légale et morale à toute obéissance ? Et la vôtre ne fait pas défaut à la règle[6]... Ne me dites pas qu'au cours de votre carrière il ne vous est jamais arrivé d'avoir un doute, ni même une hésitation, sur la légalité d'un ordre ?

CHOLTITZ : Monsieur Nordling : même si ç'a avait été le cas, je n'ai pas le droit de créer l'incertitude chez mes soldats par ma propre insubordination[7]. Lorsqu'il est au front, un général doit être un modèle pour ses troupes.

NORDLING : Je crois surtout que vos soldats apprécieraient que vous ne les sacrifiiez[8] pas pour une cause devenue sans espoir... Ce que vous allez faire, pourtant... Comme vous allez lui sacrifier inutilement cette ville et ses habitants... Vous savez à qui vous me faites penser ? *(Silence.)* Vous me faites penser à Abraham.

CHOLTITZ : Qui ça ?

NORDLING : Abraham, dans la Bible. Quand Dieu lui ordonne d'assassiner son fils. Abraham ne se révolte pas. Il obéit. Il affûte[9] son couteau, il dresse l'autel[10], et il arme son bras pour poignarder[11] Isaac, sans se douter

1 l'atrocité *f.*: la cruauté
2 piller: plündern
3 mettre à sac: piller
4 l'impunité *f.*: Straflosigkeit
5 le seuil: Schwelle
6 faire défaut à la règle: von der Regel abweichen
7 l'insubordination *f.*: la désobéissance, la rébellion
8 sacrifier: opfern
9 affûter: schärfen
10 l'autel *m.*: Altar
11 poignarder qn: jdn erdolchen

que Dieu le retiendra au dernier moment. Comment peut-on justifier un geste pareil ? On peut toujours dire qu'Abraham n'a fait qu'exécuter la volonté de Dieu, ou qu'il craignait sa colère. Mais la véritable question n'est pas là. La question qu'on doit se poser, général, c'est quel enfant voudrait d'un père comme celui-là ? *(Un temps.)* Si vous n'épargnez[1] pas Paris pour sa beauté ou sa population, faites-le au moins pour vos soldats. Faites-le pour vous… Faites-le pour l'Allemagne.

CHOLTITZ : L'Allemagne ?

NORDLING : Oui. Croyez-moi : si vous détruisez Paris, les conséquences seront désastreuses[2] pour votre pays. Quand ils arriveront sur place, les Alliés se vengeront bêtement[3]. Vos villes seront brûlées, vos maisons incendiées[4]. Et je ne parle pas des civils. Vous avez évoqué à l'instant le bombardement sur Hambourg. Eh bien imaginez cela à l'échelle[5] du pays. Mais ça ne s'arrêtera pas là, malheureusement. Les répercussions[6] d'un tel crime déborderont[7] largement le cadre de la guerre. L'Allemagne sera traitée en pestiférée[8]. Et vos enfants, général, vos enfants et ceux des survivants porteront à vie la croix gammée incrustée[9] sur leur peau. Comme d'autres, aujourd'hui, portent l'étoile jaune.

CHOLTITZ : Vous savez faire de jolies phrases, monsieur Nordling. *(Un temps.)* Abraham… Un Juif… La

1 épargner: *hier* verschonen
2 désastreux/-euse *adj.*: catastrophique *m./f. adj.*
3 bêtement *adv.*: *ici* simplement *adv.*
4 incendier: anzünden
5 à l'échelle *f.* de: auf der Ebene von
6 la répercussion: *ici* la suite
7 déborder: hinausgehen über
8 traiter qn en pestiféré/e: jdn wie einen Pestkranken behandeln
9 incruster: *hier* einbrennen

comparaison est également intéressante. Je ne crois plus en Dieu, monsieur le consul, mais je connais la Bible. Vous voulez jouer cartes sur table[1] ? Alors allons-y. Ce que vous me demandez c'est de renier[2] le serment[3] que j'ai fait de servir ma patrie. C'est de renier mon éducation. J'ai grandi dans une famille imprégnée[4] d'esprit militaire. Mon père était un soldat, mon grand-père était un soldat. Vous me demandez également de renier ce que j'ai fait de ma vie. Je porte cet uniforme depuis trente-deux ans. J'ai pris part à deux guerres. *(Nordling s'apprête[5] à parler.)* Laissez-moi finir, je vous prie. J'ai connu ces guerres dans toutes leurs phases. Aussi bien dans leurs actions sur moi, que sur les soldats qui étaient sous mes ordres. J'ai connu les marches victorieuses, où l'on sent sa complète supériorité. Et le revers de la médaille, dans la boue et le froid de la Russie… Je souhaite autant que vous que cette guerre se finisse. Le plus tôt sera le mieux… Mais je ne peux pas capituler. Ça m'est impossible.

NORDLING : C'est donc une question de principe.

CHOLTITZ : Appelez ça comme vous voulez.

NORDLING : Ainsi, si Hitler vous demandait d'assassiner votre fils âgé de quatre mois vous le feriez aussi ? Sans hésiter ? Comme Abraham, il y a quatre mille ans ?

CHOLTITZ : Ne devenez pas insolent[6], monsieur Nordling.

NORDLING : Vous ne me laissez guère le choix, monsieur le gouverneur.

Choltitz fixe Nordling un moment.

1 jouer cartes sur table *fig.*: mit offenen Karten spielen
2 renier: abandonner
3 le serment: Eid
4 imprégner: influencer
5 s'apprêter à faire qc: se préparer à faire
6 insolent/e *adj.*: impoli/e *adj.*

CHOLTITZ : Savez-vous ce que c'est que la Sippenhaft ?

NORDLING : La…

CHOLTITZ : La Sippenhaft. Savez-vous ce que c'est ?

NORDLING : Non.

CHOLTITZ : C'est une loi. Elle a été promulguée[1] la veille de mon arrivée à Paris.

NORDLING : Vous m'en voyez ravi.

CHOLTITZ : Voulez-vous savoir ce que dit cette loi ?

NORDLING : Puisque vous y tenez.

CHOLTITZ : Eh bien depuis quinze jours, la famille de chaque officier allemand est utilisée comme otage[2]. Et ces familles répondent de[3] nos actes… Autrement dit, je mettrais la vie de mon fils en danger si et seulement si je n'exécutais pas mes ordres. Saisissez-vous la nuance ?

NORDLING : Vous plaisantez ?

CHOLTITZ : En ai-je l'air ? Dans moins de une heure, maintenant, si Paris n'est pas entièrement anéanti[4], ma femme et mes trois enfants seront incarcérés[5] et exécutés.

NORDLING : Ce n'est pas possible…

CHOLTITZ : Vous avez du mal à y croire. *(Il se dirige au bureau et prend une feuille.)* Tenez. Lisez ça. C'est le décret[6] signé d'Hitler.

Nordling lit la feuille. Puis il s'assied.

NORDLING : Ce n'est pas possible… Comment peut-on en arriver là ?

CHOLTITZ : L'Allemagne a peur, monsieur Nordling… Elle a recours[7] aux pires pratiques du Moyen Âge pour

1 promulguer une loi: ein Gesetz erlassen
2 l'otage *m.*: Geisel
3 répondre de qc: für etw. gerade stehen
4 anéantir qc: détruire
5 incarcérer: mettre en prison
6 le décret: Verordnung
7 avoir recours à: anwenden

se protéger : l'obéissance aveugle et inconditionnelle[1]. *(Il s'éloigne vers le balcon.)* J'ai détruit une dizaine de villes pendant cette guerre. C'étaient pour la plupart des objectifs stratégiques. Je l'ai fait sans états d'âme, parce que c'était nécessaire. Paris ne nous fera peut-être pas gagner la guerre. Mais j'aime mes enfants… Si je capitule, je les condamne à mort[2]. Et je ne pense pas que Dieu entrera en scène au dernier moment pour les sauver. Ou bien j'exécute mes ordres, et ils ont la vie sauve. Ce sont mes seules options… Alors dites-moi, si je choisissais de désobéir : quel enfant voudrait d'un père comme moi ? *(Nordling est abasourdi[3] et muet. Il avait tout prévu peut-être, sauf la Sippenhaft.)* Mm ? Dites-moi, monsieur le consul ?

NORDLING : Oui… oui, je comprends…

Nordling baisse la tête. Choltitz laisse passer un silence, avant de reprendre avec force.

CHOLTITZ : Bien. Dans ce cas, que feriez-vous à ma place ?

NORDLING : Pardon ?

CHOLTITZ : Que feriez-vous à ma place ?

NORDLING : À votre place ?

CHOLTITZ : Oui.

Choltitz revient au bureau lentement, il prend une cigarette.

NORDLING : Eh bien… je…

CHOLTITZ : Je vous écoute.

Il tapote[4] sa cigarette contre son étui.

1 inconditionnel/le *adj.*: bedingungslos
2 condamner qn à mort: jdn zum Tode verurteilen
3 abasourdi/e *adj.*: étonné/e *adj.*
4 tapoter: leicht klopfen

Sujets d'étude

A. Pendant la lecture

1. Présentez les arguments qu'avance Nordling pour convaincre Choltitz de ne pas exécuter l'ordre de Hitler.
2. Continuez le portrait de Choltitz en y intégrant les nouvelles informations.
3. Précisez le choix difficile devant lequel se trouve le général à cause de la *Sippenhaft*.

B. Après la lecture

1. Discutez en petits groupes la question de savoir jusqu'à quel point un officier doit obéir aux ordres.
2. Imaginez ce que Nordling va répondre à la question finale de Choltitz.

NORDLING : Des centaines de milliers d'autres vies sont en jeu… Parmi elles, il y a aussi des femmes et des enfants… Et…

CHOLTITZ : Monsieur le consul, la question est simple. Que feriez-vous à ma place ? Seriez-vous prêt à sacrifier votre femme et ceux que vous aimez, pour une ville que vous connaissez à peine ? *(Le téléphone sonne, plus fort et plus strident*[1] *que les fois précédentes. Nordling sursaute. Choltitz ne bouge pas.)* Alors ?

NORDLING : Attendez… je…

Nordling se lève.

CHOLTITZ : J'ai besoin d'une réponse. Et j'en ai besoin maintenant. Que feriez-vous à ma place ? *(Le téléphone sonne toujours.)* Répondez, je vous prie.

NORDLING : Eh bien…

CHOLTITZ : Répondez !

NORDLING : Je ne sais pas !

CHOLTITZ : C'est bien ce que je pensais.

Choltitz pose sa main sur le combiné.

NORDLING : Attendez ! On peut trouver un moyen de…

CHOLTITZ : Je vous l'ai dit, je ne capitulerai pas.

Il décroche.

NORDLING : Ne faites pas ça !

CHOLTITZ : *(au téléphone)* Choltitz.

NORDLING : Réfléchissez aux conséquences…

CHOLTITZ : Je vous écoute, lieutenant.

NORDLING : Votre femme : on peut sûrement…

CHOLTITZ : Quoi ! *(Il se tourne brutalement vers la carte de Paris.)* Où ça ? *(Il s'approche et pointe son doigt à la lisière*[2] *sud-est de la ville.)* Un instant, Arnim… Oui je l'ai. À moins de quinze kilomètres ! Vous êtes sûr ?

1 strident/e *adj.*: schrill
2 la lisière: Rand

(Un temps.) Bon. Où en êtes-vous ? *(Un temps.)* Parfait… Dites au colonel Jay de se tenir prêt. Je serai à Neuilly dans trente minutes. *(Choltitz coupe la ligne et garde le combiné en main.)* Bâtards[1] d'Américains !

NORDLING : Général, vous n'y avez pas pensé, mais il y a une autre alternative…

CHOLTITZ : *(au téléphone)* Ici Choltitz. Passez-moi le lieutenant Hegger, à la Chambre des Députés ! Et vite !

NORDLING : Attendez, écoutez-moi. On peut trouver un moyen de sortir votre famille d'Allemagne. Baden-Baden est à la frontière… Ils pourraient facilement passer en France, et ensuite gagner la Suisse. Je connais un réseau[2]. Un réseau sûr qui s'occupera d'eux. Le caporal Mayer y sera ce soir. Il peut conduire votre famille jusqu'à Strasbourg et rallier[3] la ville que je lui indiquerai. *(Choltitz lui fait signe de se taire.)* Après je m'occuperai de leur transfert. Demain, au plus tard dans la soirée, votre femme et vos enfants seront en sécurité. Il suffit simplement…

CHOLTITZ : *(à Hegger)* Vous vous foutez de qui Hegger ? Paris devrait déjà être en miettes à l'heure qu'il est ! Qu'est-ce que vous fabriquez, nom de Dieu ?

NORDLING : Général, on peut encore agir. C'est une chance à…

CHOLTITZ : *(à Nordling)* Mais vous allez vous taire ! *(À Hegger.)* Reprenez Hegger. *(Un temps.)* Quoi ! C'est une plaisanterie ? *(Un temps.)* Mais je me fous de savoir que vous avez un problème avec le retardement ! Si dans cinq minutes je n'ai pas votre feu vert, je vous fais sauter la cervelle[4] ! Me suis-je bien fait comprendre ?

1 le bâtard: Bastard
2 le réseau: *ici* le réseau de la Résistance
3 rallier: *ici* aller à
4 la cervelle: le cerveau

(Un temps.) Tant mieux ! *(Il raccroche violemment.)* Pire que ces cochons de Français ! *(Il fouille*[1] *dans ses poches.)* Mon briquet, bon Dieu !

NORDLING : Il est là.

CHOLTITZ : Mm ?

NORDLING : Sur votre bureau.

CHOLTITZ : Oui. *(Il prend son briquet.)* Des sous-hommes[2].

Choltitz allume sa cigarette, tire dessus[3], *et commence à ranger ses papiers.*

NORDLING : Je sais comment leur faire passer la frontière. C'est sans danger… Il suffit simplement que vous donniez votre accord. Et demain ils dormiront en Suisse.

Choltitz tousse.

CHOLTITZ : Monsieur Nordling : à votre avis, pourquoi la Sippenhaft est-elle entrée en vigueur[4] la veille de mon arrivée à Paris ? Vous croyez que c'est un pur hasard ? Non. Cette loi me vise[5] personnellement. Dès l'instant où ma femme et mes enfants quitteront Baden-Baden, toute la Gestapo sera après eux. Il n'y a aucun doute à ce sujet… Ils seront arrêtés et incarcérés dans l'heure. Ensuite ils seront exécutés. Ou peut-être même déportés. *(Il tousse à plusieurs reprises.)* Ravensbrück[6]… Ce nom vous dit quelque chose ? Croyez-moi : dans certains cas la mort est préférable… *(Il prend une nouvelle bouffée*[7]*.)* Vous avez fait votre devoir en

1 fouiller: chercher
2 le sous-homme: Untermensch
3 tirer dessus: daran ziehen
4 entrer en vigueur: in Kraft treten
5 viser qn: concerner
6 Ravensbrück: camp de concentration où on a déporté surtout des femmes et des enfants
7 la bouffée: Zug (aus der Zigarette)

venant ici. Maintenant je dois faire le mien. Je n'ai pas d'autre… *(Il est pris d'une brutale quinte de toux et fait quelques pas vers Nordling.)* Le flacon…

NORDLING : Pardonnez-moi ?

CHOLTITZ : Le flacon… sur le bureau…

Nordling fouille parmi les papiers.

NORDLING : Où ça ?

CHOLTITZ : Près du téléphone. Vite. *(Nordling trouve le flacon. Il s'avance vers Choltitz, puis s'arrête… Il hésite.)* Nordling…

Un bref silence. Finalement, Nordling ouvre le flacon et le renverse dans sa main.

NORDLING : Combien ?

CHOLTITZ : Deux… Deux pilules…

Nordling tend les pilules à Choltitz qui les avale[1] instantanément[2].

NORDLING : Venez avec moi. *(Il tire les deux battants de la porte-fenêtre et entraîne Choltitz sur le balcon.)* Mettez la tête en arrière… Et respirez, calmement.

Choltitz s'exécute. Des bruits de pas et des voix proviennent de l'extérieur.

CHOLTITZ : J'ai les poumons en feu.

NORDLING : Ne bougez pas. Restez comme vous êtes. *(Il sort du balcon, prend un verre d'eau, et l'apporte à Choltitz.)* Tenez, buvez ça.

CHOLTITZ : Merci. *(Il respire.)* C'est cette saleté d'asthme que je traîne[3] depuis toujours. Et cette maudite[4] chaleur qui n'arrange rien.

Choltitz tousse encore.

NORDLING : Gardez la tête en arrière.

1 avaler: herunterschlucken
2 instantanément *adv.*: tout de suite
3 traîner une maladie: eine Krankheit mit sich herumschleppen
4 maudit/e *adj.*: verflucht

CHOLTITZ : La situation est grotesque. Je vous prie de m'excuser.

NORDLING : Mais non, pas du tout.

Choltitz inspire et expire plusieurs fois.

CHOLTITZ : La crise est en train de se passer. Ça va aller… Bon Dieu, quelle saloperie[1].

Choltitz reprend son souffle.

NORDLING : Tenez. *(Il tend les pilules à Choltitz.)* Vous devriez garder ces cachets sur vous.

CHOLTITZ : *(prenant le flacon)* Oui…

Un temps. Les deux hommes font face à Paris. Tout est silencieux.

NORDLING : Comment vous sentez-vous ?

CHOLTITZ : Épuisé. C'est déjà la seconde crise aujourd'hui. Et je n'aurai guère[2] le temps de me reposer d'ici à ce soir.

NORDLING : Général, accordez-moi[3] une faveur[4]… Oubliez un quart de seconde pourquoi vous êtes là et regardez cette ville comme n'importe qui.

CHOLTITZ : Monsieur Nordling, je vous ai déjà dit que…

Choltitz a une légère quinte de toux.

NORDLING : Évitez de parler général, et regardez cette ville. Oubliez la guerre. Imaginez-vous dans cinq ans ici sur ce balcon… C'est un jour de semaine. Un jour comme un autre. *(Une ambiance du Paris d'après-guerre s'élève de la ville.)* Vous entendez le sifflement[5] des remorqueurs[6] qui remontent la Seine. Le cri des

1 la saloperie: *fam.* Sauerei
2 ne … guère: kaum
3 accorder qc à qn: jdm etw. gestatten
4 la faveur: Gefallen
5 le sifflement: *hier* das Tuten
6 le remorqueur: Lastkahn, Schlepper

vitriers[1], et des marchands d'habits[2]. Celui d'un vendeur de journaux, qui lance[3] les nouvelles du jour… Vous entendez le frottement[4] des balais de bruyère[5] qui raclent[6] les trottoirs dans un bruit d'océan… Une odeur de croissant monte de la rue. Une jeune femme passe à bicyclette dans une robe multicolore et légère. Vous irez au Louvre cet après-midi, ou peut-être à la tour Eiffel. Vous pousserez un peu plus loin jusqu'à la place Furstemberg, et vous reviendrez par les quais de la Seine, voir les bouquinistes étaler[7] leurs magazines et leurs vieux livres chamarrés[8]… Peut-être ferez-vous aussi une halte à la terrasse d'un café, cinq minutes, pour respirer, avec un air d'Édith Piaf dans la tête. Ce sera la lumière trop vive du mois de mars ou les brumes[9] de novembre, mais ce sera un Paris que vous ne connaissez pas. Un Paris si différent de celui que vous avez connu cinq ans plus tôt, sous l'Occupation. *(Les bruits s'estompent[10] graduellement.)* Vous êtes venu en train de Baden-Baden avec votre femme et vos enfants. Et vous vous dites : c'est moi, général Dietrich von Choltitz, qui aurais pu un certain jour d'août 44 mettre fin à tout ça et qui pourtant ne l'ai pas fait… Que ressentirez-vous, à votre avis, à cet instant précis ? Les généraux ont souvent le pouvoir de détruire mais

1 le vitrier: qn qui vend, coupe et pose les vitres, les pièces de verre
2 les habits *m. pl.*: les vêtements *m. pl.*
3 lancer: *ici* crier
4 le frottement: Schrubben
5 le balai de bruyère: Weidenholzbesen
6 racler: kratzen
7 étaler: exposer
8 chamarré/e *adj.*: *litt.* bunt verziert
9 la brume: le brouillard
10 s'estomper: devenir moins fort

rarement celui d'édifier[1]. Paris ne devra sa présence qu'à vous seul… Général : cela ne vaut-il pas toute la gloire d'un conquérant[2] ?

Choltitz reste un moment silencieux.

CHOLTITZ : Vous êtes un bon avocat, monsieur Nordling… Mais si un jour je reviens à Paris, et que Paris est encore debout, j'ai bien peur de faire ce voyage tout seul. Ma femme et mes enfants ne seront plus là pour contempler[3] votre ville avec moi. *(Il sort du balcon.)* Je ne veux pas prendre ce risque. Je suis désolé. *(Puis il regagne son bureau et classe ses papiers. Cet homme est inflexible… De son côté, Nordling demeure immobile sur le balcon. Il pense peut-être à une autre stratégie. Après quelques instants, il sort à son tour.)* Pourquoi vous m'avez tiré de là ?

NORDLING : Pardon ?

CHOLTITZ : Vous venez de m'aider. J'aimerais comprendre pourquoi.

NORDLING : Qu'y a-t-il à comprendre ?

CHOLTITZ : Vous auriez pu me laisser étouffer.

NORDLING : Non. Je suis un diplomate, pas un militaire, vous l'avez dit vous-même. La mort n'est pas mon métier.

CHOLTITZ : La mienne aurait pourtant arrangé vos affaires. Le lieutenant Hegger aurait rappelé, je n'aurais pas répondu. Et peut-être qu'au bout du compte[4] Paris n'aurait pas été détruit.

NORDLING : Ce n'est pas comme ça que je vois les choses.

CHOLTITZ : Ah bon ? Et comment les voyez-vous ?

1 édifier: construire
2 le conquérant: Eroberer
3 contempler: regarder
4 au bout du compte: après tout, finalement

NORDLING : Je crois que Paris n'a qu'un seul atout[1] dans son jeu pour éviter sa destruction.

CHOLTITZ : Un atout ?

NORDLING : Oui.

CHOLTITZ : Quel atout ?

NORDLING : Vous ne voyez pas ?

CHOLTITZ : Non. Je ne vois pas, non.

NORDLING : Vous.

CHOLTITZ : Moi ? *(Il sourit.)* Je parle sérieusement, monsieur Nordling.

NORDLING : Mais moi aussi, je vous dis ce que je pense.

CHOLTITZ : Je ne saisis pas très bien le…

NORDLING : Les nazis qui vous entourent n'hésiteraient pas une seconde à tout faire sauter… Mais vous n'êtes pas comme eux, général. Je vous ai bien observé… Vous vous êtes forgé[2] une carapace[3], mais vous ne leur ressemblez pas.

CHOLTITZ : Qu'en savez-vous ?

NORDLING : Vous êtes le seul, ici, à ne pas avoir encore renoncé à toute humanité. *(Un silence.)* Vous m'avez demandé tout à l'heure ce que je ferais à votre place, si j'avais à choisir entre sacrifier ma famille et détruire une ville que je connais à peine. Eh bien je vais vous répondre. Pour rien au monde je n'aimerais être à votre place. Car voyez-vous, la nuit n'a pas duré cent ans. Il ne s'agit plus de détruire du vide, mais des immeubles, des églises, des millions de personnes. Jusqu'à aujourd'hui vous avez su garder intact le respect de vous-même, mais si vous exécutez l'ordre de ce tyran, alors croyez-moi : vous l'aurez perdu pour toujours.

1 l'atout *m.*: Trumpf
2 se forger: sich schmieden
3 la carapace: Panzer

Les deux hommes s'observent. Puis on frappe à la porte. Un temps bref. On frappe une nouvelle fois, plus fort.

Sujets d'étude

A. Pendant la lecture

1. Exposez la solution que propose Nordling pour résoudre le dilemme de Choltitz.
2. Dégagez le développement de la relation entre les deux personnages.
3. Expliquez ce que Nordling veut exprimer en disant que Choltitz est le seul «à ne pas avoir encore renoncé à toute humanité» (p. 64, l. 19–20).
4. Étudiez dans ce contexte la réponse que Nordling donne finalement à la question de Choltitz (p. 64, l. 23).

B. Après la lecture

Imaginez les pensées de Choltitz et de Nordling à la fin de ce passage. En groupes, préparez deux monologues intérieurs et présentez-les.

CHOLTITZ : Oui !

Brensdorf entre. Il tient un pli[1] à la main.

BRENSDORF : Pardon mon général, mais ils arrivent !

CHOLTITZ : Quoi ?

BRENSDORF : Ils arrivent ! On vient de recevoir ce télégramme. *(Il tend le télégramme à Choltitz.)* Les Français. Ils ne sont plus qu'à quelques kilomètres.

CHOLTITZ : Je sais, Brensdorf. Retournez à votre poste.

BRENSDORF : Mais mon général…

CHOLTITZ : Quoi encore !

BRENSDORF : Nous ne sommes qu'une vingtaine ici.

CHOLTITZ : Et alors !

BRENSDORF : On ne tiendra jamais.

CHOLTITZ : Eh bien partez, Brensdorf ! Partez tous !

BRENSDORF : Ce n'est pas ce que j'ai voulu dire…

CHOLTITZ : Alors qu'est-ce que vous avez voulu dire ?

BRENSDORF : Rien… Rien du tout, mon général.

Brensdorf s'incline et retourne à la porte.

CHOLTITZ : Brensdorf ?

BRENSDORF : Mon général ?

CHOLTITZ : Quel âge avez-vous ?

BRENSDORF : Dix-sept ans.

CHOLTITZ : Bon… Dites aux hommes que tous ceux qui ont moins de vingt ans peuvent rejoindre le colonel Jay à Neuilly.

BRENSDORF : Nous avons tous moins de vingt ans. Enfin, je crois… Excepté trois ou quatre d'entre nous.

CHOLTITZ : Bon, ça suffira. Ceux-là n'ont qu'à rester. Les autres peuvent partir.

BRENSDORF : À vos ordres. Merci, mon général.

Brensdorf s'incline, lance un regard à Nordling, et sort.

1 le pli: l'enveloppe *f.*

CHOLTITZ : Ils arrivent, vous avez entendu. Et mes hommes ont peur. Ce sont des gamins, ce n'est pas leur guerre.

NORDLING : Je les comprends. Mais ce n'est plus la vôtre non plus. Et ce n'est plus celle du peuple allemand. C'est celle d'un homme seul… vieilli, affaibli[1]… qui se trompe et trompe les autres. Celle d'un homme qui en est réduit au chantage[2], et qui exige de ses généraux une obéissance inhumaine pour commettre des crimes.

CHOLTITZ : Cet homme avait aussi un don[3], monsieur Nordling. Le don de capter[4] votre attention, de vous redonner confiance, et de vous faire croire au destin historique de l'Allemagne. C'était un homme fascinant… Il y a tout juste un an, nos troupes subissaient[5] un large revers[6] en Russie. L'armée soviétique venait de percer[7] notre front, au nord de Koursk, et menaçait de nous encercler. Hitler était là, lors d'un déjeuner au quartier général du maréchal von Manstein. J'étais assis face à lui. Vous auriez dû voir l'optimisme qui se dégageait[8] de cet homme, la force de son discours, et sa volonté qui demeurait intacte malgré notre déroute[9]. Je suis sorti de là regonflé[10], prêt de nouveau à croire au miracle et à la victoire de mon pays. Ce fut un moment inoubliable. Presque envoûtant[11].

1 affaibli/e *adj.*: geschwächt
2 le chantage: Erpressung
3 le don: Gabe
4 capter: fesseln
5 subir: erleiden
6 le revers: *ici contr.* la victoire
7 percer: *hier* durchbrechen
8 se dégager: sortir
9 la déroute: la débâcle
10 regonfler: encourager de nouveau
11 envoûtant/e *adj.*: bezaubernd

NORDLING : Et aujourd'hui ?

CHOLTITZ : Aujourd'hui ?

NORDLING : Oui. Vos supérieurs ont tenté d'assassiner Hitler, le mois dernier. Pourquoi ? J'imagine qu'on ne met pas sur pied[1] un pareil attentat sans avoir de bonnes raisons.

CHOLTITZ : Je n'ai pas pris part à ce complot.

NORDLING : Vous avez bien une idée ? Vous les connaissiez tous. Ces généraux n'étaient ni des révolutionnaires, ni même des fanatiques. Alors pourquoi ont-ils attenté à sa vie[2] ?

CHOLTITZ : J'étais en Normandie, monsieur Nordling, en juillet. J'avais d'autres préoccupations[3].

NORDLING : Mais vous y avez réfléchi depuis ?

CHOLTITZ : J'y ai réfléchi.

NORDLING : Alors ?

CHOLTITZ : Mais qu'espérez-vous que je vous dise ?

NORDLING : Ces hommes ont refusé d'obéir. Ils n'ont pas agi de la sorte pour plaire aux Alliés, vous êtes d'accord. Mais parce qu'ils estimaient que c'était dans l'intérêt de votre pays.

CHOLTITZ : Sans doute.

NORDLING : De toute évidence, ils espéraient assurer à l'Allemagne une paix à des conditions qui lui soient encore supportables. Alors je ne comprends pas : pourquoi vous ne les avez pas suivis ? Pourquoi vous, général, vous n'avez pas pris part au complot ? *(Choltitz reste silencieux.)* Général ?

CHOLTITZ : Ils avaient une longueur d'avance[4].

NORDLING : Pardon ?

1 mettre sur pied: organiser
2 attenter à la vie de qn: essayer de tuer qn
3 la préoccupation: le souci
4 avoir une longueur d'avance *fig.*: avoir un avantage

CHOLTITZ : Ces hommes étaient au contact d'Hitler. Je ne l'étais pas.

NORDLING : Je ne vous suis pas.

CHOLTITZ : La veille de ma nomination à Paris, c'est-à-dire deux semaines environ après l'attentat, j'ai reçu l'ordre de me présenter à Rastenburg. J'étais prêt une nouvelle fois à me laisser convaincre, à croire encore et toujours en nos chances… Mais l'homme que j'ai trouvé face à moi, ce jour-là, était si différent de celui que j'avais vu en Russie. Son visage était déformé par des spasmes[1]. De la bave[2] s'écoulait[3] de ses lèvres… Et son regard, monsieur Nordling… Son regard n'avait plus rien d'humain… Les généraux dont vous parlez ont voulu supprimer Hitler parce que cet homme est devenu fou. Ils ont su avant moi qu'il n'y aurait plus de miracle pour l'Allemagne. Et que la route que nous suivions nous menait tout droit à la plus grande défaite de notre histoire… Ils l'ont payé de leur vie.

NORDLING : Je sais.

CHOLTITZ : Tout ce que j'ai fait depuis le début de cette guerre, toutes les batailles[4] que j'ai livrées, je l'ai fait pour le bien de mon peuple. Je n'ai jamais hésité à exécuter un ordre, quelle qu'en soit la dureté, parce que je croyais à un certain idéal. Depuis deux ans je n'ai eu pour tâche que de protéger la retraite[5] de nos armées et de tout détruire derrière elles… Paris n'était pour moi qu'un poste de plus, légèrement en retrait[6] du front…

1 le spasme: Krampf
2 la bave: Speichel
3 s'écouler: auslaufen
4 la bataille: Schlacht
5 la retraite: *hier* Rückzug
6 en retrait: derrière

Ma visite au Q.G.[1] d'Hitler a tout fait chavirer[2]… Elle a dissipé[3] mes dernières illusions, et a achevé de me convaincre. En sortant de cette entrevue j'étais résolu à ne plus appliquer ses ordres au pied de la lettre. À éviter toute effusion de sang[4] inutile… Mais depuis, il y a cette hache[5] qu'on a suspendue[6] au-dessus de la tête de mes enfants. La Sippenhaft… Et aujourd'hui malheureusement je n'ai qu'un seul moyen de les sauver.

NORDLING : Je comprends. *(Il s'arrête devant la carte murale.)* Juste une question, général. Si Paris tombe aux mains des Alliés sans que vous résistiez, que se passera-t-il exactement ?

CHOLTITZ : Mm ? *(Il se tourne vers Nordling.)* Je ne vous écoutais pas.

NORDLING : Si vous ne détruisez pas Paris, quelles seront les conséquences ? Je veux dire : est-ce que ce sera la débâcle ?

CHOLTITZ : Pourquoi cette question ?

NORDLING : Répondez-moi.

CHOLTITZ : Ça y ressemblera.

NORDLING : C'est-à-dire ?

CHOLTITZ : Tout le front, au nord de la Seine, sera disloqué[7]. Nos bases de lancement[8] des missiles[9] V1[10] seront perdues. L'ennemi n'aura plus aucun mal à

1 le Q.G: le Quartier Général
2 chavirer: schwanken
3 dissiper: chasser
4 l'effusion *f.* de sang *m.*: Blutvergießen
5 la hache: Axt
6 suspendre: aufhängen
7 disloquer: auflösen, auseinanderbrechen
8 la base de lancement: Abschussbasis
9 le missile: Rakete
10 le V1: gegen Ende des Krieges entwickelte neue „Wunderrakete“

balayer[1] nos troupes vers l'est et à arriver aux portes du Reich… Paris est un verrou[2]. L'ouvrir, c'est permettre à toutes les forces adverses[3] de s'engouffrer[4] dans la brèche[5].

Nordling acquiesce.

NORDLING : Et les répercussions immédiates ? Que se passera-t-il dans les heures qui suivront ?

CHOLTITZ : Mais qu'est-ce que vous cherchez ?

NORDLING : Une brèche, justement. Si vous perdez Paris, quelle sera la réaction de l'Allemagne et de l'armée quand elles apprendront la nouvelle ?

CHOLTITZ : La stupeur, j'imagine, dans un premier temps. Et puis très vite la panique.

NORDLING : La panique. Dans ce cas, vous devez prendre le risque de faire passer votre famille en Suisse. Si ce que vous dites se réalise, l'annonce de votre capitulation aura un tel impact[6], aussi bien sur le moral des troupes que sur le peuple allemand, que la priorité d'Hitler ne sera pas d'ordonner à la Gestapo d'incarcérer votre femme et vos enfants immédiatement.

Il aura autre chose à penser. Ce qui nous laisse quelques jours pour agir.

CHOLTITZ : Monsieur Nordling, si je capitule, vous savez bien que je serai fait aussitôt prisonnier. Comment voulez-vous que j'agisse ?

NORDLING : Il faut vous en remettre à[7] moi.

CHOLTITZ : À vous ?

1 balayer: *ici* chasser
2 le verrou: Riegel, Schloss
3 adverse *m./f. adj.*: ennemi/e *adj.*
4 s'engouffrer: einbrechen, sich ergießen
5 la brèche: Frontlücke
6 l'impact *m.*: l'effet *m.*, l'influence *f.*
7 s'en remettre à qn: faire confiance à qn

NORDLING : Oui. *(Choltitz hésite. Un silence.)* Vous êtes un homme de devoir, monsieur Choltitz. Refuser d'obéir à un chef qui n'a plus sa raison : n'est-ce pas un autre devoir ?

Choltitz jette un œil à la photo posée sur le bureau.

CHOLTITZ : Quelles seraient mes garanties ?

NORDLING : Eh bien je crois que vous en avez deux... Le caporal Mayer, d'abord, qui sera ce soir, peut-être même en fin d'après-midi, à Baden-Baden. *(Il indique l'itinéraire[1] à suivre sur la carte murale.)* Il reprendra immédiatement la route pour Strasbourg. Cinquante kilomètres à peine séparent les deux villes. Il peut faire le chemin en une heure. Puis il descendra jusqu'à Mulhouse, contournera[2] le Jura, et rejoindra cette ville en Haute-Savoie, Annemasse... S'il a passé vos lignes dans un sens, il pourra les passer dans l'autre. En roulant la nuit, votre famille y sera demain matin.

CHOLTITZ : Pourquoi ne pas aller directement à Bâle[3] ?

NORDLING : Bâle est plus près c'est vrai. Mais sa frontière est pour ainsi dire infranchissable[4]. Vos hommes sont partout. Les risques sont trop importants. D'Annemasse, en revanche, le passage est plus rapide et plus sûr. Il n'y a aucun col[5] à franchir, et passer la frontière est une vraie formalité. En un rien de temps, votre femme et vos trois enfants seront à Genève.
Et puis c'est là, surtout, que réside le réseau Chantecler. Ce réseau, c'est votre seconde garantie.

1 l'itinéraire *m.*: le chemin
2 contourner: passer autour de
3 Bâle: Basel
4 infranchissable *m./f. adj.*: unüberwindbar
5 le col: Gebirgspass

CHOLTITZ : Faites voir… *(Il se rapproche de la carte, et l'étudie un moment.)* Quelle distance entre Annemasse et la frontière ?

NORDLING : Moins de un kilomètre… Sept cents, huit cents mètres peut-être.

CHOLTITZ : Quelle altitude ?

NORDLING : C'est dans la vallée. Quatre cents mètres, tout au plus.

CHOLTITZ : Et il n'y a aucun col à franchir ?

NORDLING : Aucun. Ce ne sont que des champs. Mais rassurez-vous, en cette saison la végétation est suffisamment haute pour qu'on puisse s'y dissimuler… Faites-moi confiance : votre famille n'est pas la première à emprunter cet itinéraire. Il est sans difficulté, croyez-moi. Même pour vos filles. Quant à votre fils, si votre femme peine à[1] le porter, le passeur le prendra sur son dos.

CHOLTITZ : Et vous les accompagnerez ?

NORDLING : Jusqu'à la frontière, oui. Après ils devront continuer seuls. J'attendrai que le passeur me dise qu'ils sont en Suisse.

CHOLTITZ : On dirait que vous avez fait ça toute votre vie.

NORDLING : Non, malheureusement. Et je le regrette.

Un temps.

CHOLTITZ : Chantecler, c'est ça ?

NORDLING : C'est bien ça.

CHOLTITZ : Je n'ai jamais entendu parler de ce réseau.

NORDLING : Dieu merci. Dans le cas contraire, votre famille ne ferait pas trois pas avant d'être prise. Il n'y a aucun risque, je vous le promets.

CHOLTITZ : J'ai besoin d'être sûr, monsieur Nordling. J'ai besoin d'une preuve concrète.

1 peiner à faire qc: être fatigué/e de faire qc

Un léger silence.

NORDLING : J'ai déjà fait appel à leurs services. À deux reprises.

CHOLTITZ : Vous, monsieur le consul ?

NORDLING : Oui.

CHOLTITZ : À quelles occasions ?

NORDLING : J'ai aidé une famille française, il y a quelque temps. Et plus récemment ma femme.

CHOLTITZ : Votre femme… Je ne comprends pas.

NORDLING : Ma femme est juive, monsieur Choltitz. Elle vit à Lausanne, à présent. En sécurité.

CHOLTITZ : Je ne le savais pas… Je vous prie de m'excuser.

NORDLING : Et de quoi ? *(Choltitz s'éloigne. Il hésite. Va-t-il accepter la proposition de Nordling ? Peut-il lui faire confiance ? Il pèse, pendant de longues secondes, le pour et le contre. Nordling, lui, attend. Impassible*[1]*. Puis il ajoute.)* Il est peut-être temps de vous racheter[2] de toutes ces années de guerre, général. Sauvez cette ville pour toutes celles que vous avez détruites.

1 impassible *m./f. adj.*: calme *m./f. adj.*
2 se racheter: sein Ansehen wiederherstellen

Sujets d'étude

A. Pendant la lecture

1. Décrivez comment la famille de Choltitz peut être sauvée.
2. Présentez les deux garanties dont parle Nordling.
3. Expliquez pourquoi Nordling préfère la fuite de la famille de Choltitz par Annemasse.
4. Précisez pourquoi au cours de la guerre, Choltitz a changé son avis sur Hitler.
5. Examinez de près les dernières phrases que prononce Nordling (p. 74, l. 14–20).

B. Après la lecture

1. Informez-vous des circonstances de l'attentat du 20 juillet contre Hitler.
2. Renverser un dictateur en commettant un attentat – Pesez le pour et le contre.

Un temps. Choltitz se retourne.

CHOLTITZ : Où est la lettre du général français que vous vouliez me remettre tout à l'heure ?

NORDLING : Elle est là, sur votre bureau.

CHOLTITZ : Faites-la voir, je vous prie. *(Nordling prend la lettre et la tend à Choltitz. Celui-ci la parcourt rapidement.)* Bien. *(Puis il décroche le téléphone.)* Ici Choltitz. Passez-moi le lieutenant Hegger.

NORDLING : Général…

Choltitz lui fait signe de se taire.

CHOLTITZ : Hegger ? Choltitz. *(Un silence.)* Annulez l'opération… Peu importe ! Annulez, vous m'avez bien compris ? C'est un ordre. Paris doit rester intacte. Détruisez les mises à feu[1], et dispersez[2] vos hommes dans la capitale. Par groupes de cinq. Suis-je assez clair ? Bon. *(Il coupe la ligne et garde le combiné en main.)* Passez-moi Neuilly. *(À Nordling.)* Tenez. *(Il lui tend la lettre.)* Dites à votre général que j'accepte. *(Il reprend le combiné.)* Oui. Qui est à l'appareil ? Bon, écoutez-moi bien, Arnim : Paris n'explosera pas…Ne cherchez pas à comprendre. Redéployez[3] les hommes dans Paris et combattez pour l'honneur. Arnim ? Ne tombez pas entre les mains de la populace[4], elle vous lyncherait. Dites aux soldats de se rendre[5] aux troupes régulières… Que Dieu vous garde, lieutenant. *(Choltitz raccroche. Puis à Nordling.)* Vous pouvez joindre Baden-Baden par téléphone depuis votre ambassade ?

NORDLING : Naturellement.

CHOLTITZ : Vous en êtes certain ?

1 la mise à feu: Zündeinrichtung
2 disperser: aufteilen
3 redéployer: wieder aufmarschieren lassen
4 la populace: *péj.* la masse
5 se rendre: capituler

NORDLING : Oui, bien entendu.

CHOLTITZ : Bon. Vous allez devoir appeler ma femme. Nos lignes avec l'Allemagne sont coupées depuis hier.

NORDLING : Tout ce que vous voudrez.

Choltitz, au bureau, griffonne quelques lignes sur une feuille.

CHOLTITZ : Vous allez lui dire que Mayer arrivera dans la soirée et qu'elle se tienne prête à partir avec lui. Qu'elle comprenne que c'est plus sage et qu'elle pourra revenir une fois que la guerre sera terminée. Dites-lui que je pense à elle et que j'embrasse nos enfants. Tenez. Voilà le numéro… *(Nordling acquiesce.)* Dites-lui aussi que j'ai été fidèle à notre patrie, que je ne l'ai pas trahie. Et que si j'ai refusé de détruire Paris, c'est pour éviter à l'Allemagne un malheur plus grand que celui qu'elle connaît déjà.

NORDLING : Je lui dirai.

CHOLTITZ : Si elle vous paraît méfiante[1], vous ajouterez que nous nous sommes connus un 5 avril, au théâtre, après une représentation de L'Opéra de quat'sous[2]. Nous avons failli[3] perdre notre fille aînée quand elle avait six mois. Elle s'est étouffée[4] en jouant avec du papier. Je n'étais pas là et c'est son oncle qui l'a sauvée. Ma dernière visite remonte au 8 août. J'avais apporté de la confiture et du pain d'épice[5] pour les enfants… Si ça ne suffit pas vous lui direz que notre fils s'appelle Timothée. Et qu'il a ses yeux… *(Choltitz retire son alliance[6].)* Tenez. Quand vous la verrez à Annemasse,

1 méfiant/e *adj.*: misstrauisch
2 l'Opéra de quat'sous: Die Dreigroschenoper, Theaterstück von Berthold Brecht
3 faillir faire qc: presque faire qc
4 s'étouffer: ersticken
5 le pain d'épice: Lebkuchen
6 l'alliance *f.*: Ehering

vous lui remettrez ceci. La date de notre mariage est gravée à l'intérieur. Elle vous croira… Je vous confie ce que j'ai de plus cher, monsieur Nordling. Veillez à[1] ce qu'il ne leur arrive rien.

NORDLING : Il ne leur arrivera rien. Vous avez ma parole.

Un temps.

CHOLTITZ : Voilà. *(Il s'assied lourdement.)* Ma carrière s'arrête là.

NORDLING : Allons, qu'est-ce que c'est que cette tête, général ? Tout se passera bien. Et puis vous verrez, avec le temps, personne ne retiendra[2] votre capitulation. Vous serez l'homme qui n'a pas détruit Paris, et ce sera tout à votre honneur… Prenons plutôt un verre.

CHOLTITZ : Mm ?

NORDLING : Vous avez un excellent whisky caché derrière votre bureau.

CHOLTITZ : Mais comment savez-vous ça ?

NORDLING : Rassurez-vous, je ne dirai rien aux Anglais. *(Il va au buffet.)* Vous le prenez sec n'est-ce pas ?

CHOLTITZ : Vous êtes vraiment un drôle de bonhomme, monsieur le consul.

NORDLING : Oui ?

CHOLTITZ : Oui. Y a-t-il quelque chose que vous ignoriez[3] ?

NORDLING : À quel sujet, général ?

CHOLTITZ : À mon sujet.

NORDLING : Sur vous… *(Il sourit.)* Je vais vous faire un aveu. La glace, sur votre gauche, dans l'encadrement[4] de la porte dérobée… C'est une glace sans tain[5]… Miss

1 veiller à: faire attention à
2 retenir: *ici* se souvenir de
3 ignorer: ne pas savoir
4 l'encadrement *m.*: Rahmen
5 le tain: Spiegelbelag

Howard était une femme légère. Et Napoléon III était soit jaloux comme un tigre, soit un sacré[1] voyeur, vous ne croyez pas ? *(Il revient avec les verres.)* Tenez.

Choltitz prend son verre.

CHOLTITZ : Je crois que c'était un sacré voyeur, monsieur Nordling.

NORDLING : C'est ce que je pense aussi. *(Il lève son verre.)* À cet escalier, qui m'a mené jusqu'à vous.

Nordling boit. À cet instant, on entend les cloches de Notre-Dame sonner.

CHOLTITZ : Qu'est-ce que c'est ? Des cloches ? *(D'autres cloches se mêlent aux premières.)* Mais qui enterre[2]-t-on à une heure pareille ?

NORDLING : Je crois que les Parisiens enterrent quatre années d'occupation. Ces cloches annoncent l'entrée des forces alliées dans Paris.

CHOLTITZ : Ah… Alors elles sonnent pour moi. *(Un silence. Nordling enfile[3] ses gants.)* Vous partez ?

NORDLING : Oui. Il est temps, je crois.

CHOLTITZ : Attendez. Vous aurez besoin d'un sauf-conduit[4] pour rejoindre Annemasse, sinon vous n'irez nulle part. L'armée allemande contrôle encore la moitié de la France.

NORDLING : C'est juste.

Choltitz prend une feuille de papier et écrit quelques mots. Le téléphone sonne.

CHOLTITZ : Excusez-moi. *(Il décroche.)* Oui. *(Un temps.)* L'hôtel Meurice, oui. C'est moi… Quoi ? *(Choltitz raccroche violemment.)* Cochon de Français !

NORDLING : Un problème ?

1 sacré/e *adj.*: *fam.* verdammte/r
2 enterrer: beerdigen
3 enfiler: mettre (un vêtement)
4 le sauf-conduit: le permis, le laissez-passer

CHOLTITZ : Rien, l'humour des Parisiens j'imagine. Cet homme appelait l'hôtel pour réserver une chambre pour ce soir.

NORDLING : *(en riant)* Pardonnez-moi…

Le téléphone sonne une nouvelle fois.

CHOLTITZ : Vous croyez qu'ils vont tous appeler comme ça, les uns après les autres ?

NORDLING : Ils en seraient bien capables.

Choltitz décroche.

CHOLTITZ : Choltitz !

Un temps, puis il raccroche.

NORDLING : Une autre réservation ?

CHOLTITZ : Non. Celui-là voulait me voir mort.

NORDLING : Ah. J'ai bien peur que ce ne soient les plus nombreux.

CHOLTITZ : Mm. Tenez.

Choltitz lui tend l'ausweis. Puis il s'approche de la porte dérobée.

NORDLING : Pourquoi ne pas venir avec moi ?

CHOLTITZ : Quitter Paris ?

NORDLING : Oui. Rejoignez votre famille. Venez avec moi à Annemasse.

CHOLTITZ : Ne me tentez pas, monsieur Nordling.

NORDLING : Venez.

CHOLTITZ : C'est impossible vous le savez bien. Aujourd'hui ma famille est ici. Brensdorf, Arnim, tous les autres : ils ont besoin de moi. Un jour peut-être, grâce à vous, je reverrai l'Allemagne, ma femme et mes enfants. Un jour peut-être… Allez, dépêchez-vous, maintenant. *(Il tâte[1] le mur.)* Comment vous ouvrez cette porte ?

NORDLING : Sur votre droite. Appuyez sur la boiserie[2].

1 tâter: toucher
2 la boiserie: Holztäfelung

CHOLTITZ : Où ça ?

NORDLING : Là.

Nordling appuie et la porte s'ouvre.

CHOLTITZ : Bien…

Nordling retire son gant et tend sa main.

NORDLING : Merci, général.

Choltitz lui serre la main.

CHOLTITZ : Ne me remerciez pas, monsieur Nordling. Faites ce que vous avez à faire… Allez, ne perdez pas de temps.

NORDLING : Adieu, général.

Nordling sort. Choltitz reste seul. Le pas de Nordling s'éloigne dans l'escalier. Choltitz reste à la porte un moment, indécis[1]*, groggy. Il finit par repousser la porte dérobée et revient lentement au bureau. Il sait que c'est la fin… Il prend son pistolet… Il l'observe, le soupèse*[2]*… De la rue, les tirs des mitraillettes ont repris. Que compte faire Choltitz ? Se tuer ? Se rendre ? À cet instant tout est possible. Quand subitement, on frappe à la porte d'entrée. Choltitz réagit à peine. Il hésite encore… On frappe une nouvelle fois plus fort. Mayer entre, débraillé*[3]*, nerveux.*

MAYER : Mon général ?

CHOLTITZ : Mayer ? C'est vous ? Mais qu'est-ce que vous faites là ?

MAYER : Nous avons été stoppés à vingt kilomètres de Paris. Je suis désolé, mon général.

CHOLTITZ : Quoi ? Qu'est-ce que vous racontez ? Stoppés par qui ?

1 indécis/e *adj.*: qn qui hésite encore

2 soupeser: mit der Hand abwiegen

3 débraillé/e *adj.*: les vêtements *m. pl.* en désordre

MAYER : Un barrage[1] ennemi. Impossible de passer. Ils nous ont pris pour cible[2] !

CHOLTITZ : Non mais… ce n'est pas possible, Mayer… Il faut y retourner, tout de suite !

MAYER : Mon général…

CHOLTITZ : Il faut remonter dans la voiture, vous m'entendez ? Immédiatement. Vous devez vous rendre à Baden-Baden, quels que soient les risques !

MAYER : Alfred est blessé, grièvement.

CHOLTITZ : Prenez un autre chauffeur ! Allez-y seul !

MAYER : Mon général, vous ne comprenez pas : ils n'étaient pas là par hasard.

CHOLTITZ : Hein ?

MAYER : Les Français : ils nous attendaient. Ils nous ont sauté dessus[3] et mitraillés[4]. Sans Alfred au volant, nous serions morts.

CHOLTITZ : Les Français vous attendaient ?

MAYER : La route pour Strasbourg est devenue impraticable. Je suis désolé.

Choltitz blêmit[5]. Mayer va au bureau. Il prend différents dossiers, quelques classeurs, la photo de famille de Choltitz…

CHOLTITZ : Les Français vous attendaient…

MAYER : Il ne faut pas rester là, mon général. Il faut partir. Les chars alliés envahissent[6] la ville.

CHOLTITZ : Nordling…

MAYER : Ils seront là d'un instant à l'autre. Nous devons nous replier. Maintenant.

CHOLTITZ : Nordling.

1 le barrage: Sperre
2 la cible: Ziel
3 sauter dessus (à qn): *fam.* attaquer qn
4 mitrailler: mit Maschinengewehrfeuer beschießen
5 blêmir: blass werden
6 envahir: occuper

MAYER : Mon général, venez, je vous en prie. Pensez à votre sécurité !

Choltitz bondit[1] *côté cour.*

CHOLTITZ : Nordling ! Nordling ! *(Il tente d'ouvrir la porte dérobée, sans succès...)* Comment s'ouvre cette porte ?

Mayer, lui, est à présent face à la porte-fenêtre du balcon.

MAYER : Mon général !

CHOLTITZ : Venez m'aider, Mayer ! Pour l'amour de Dieu !

MAYER : Les chars, mon général ! Ils sont là ! Ils arrivent devant l'hôtel !

CHOLTITZ : Quoi ?

MAYER : Il y en a des colonnes entières !

CHOLTITZ : Qu'est-ce que vous dites ?

MAYER : Regardez !... Bon Dieu : ils pointent leur canon vers nous !

CHOLTITZ : Reculez, Mayer.

MAYER : Ils ne vont tout de même pas tirer ?

CHOLTITZ : Reculez !

Mayer recule, effrayé[2].

MAYER : Mon général...

Les deux hommes se font face.

CHOLTITZ : Non, ils n'oseront jamais...

Un bref silence. Puis ils s'étreignent[3] *avec force. On entend une puissante détonation.*

Noir.

Après quelques secondes, la lumière grésille[4] *puis revient faiblement sur scène. Une épaisse poussière blanche a envahi le décor. Les dossiers de Choltitz jonchent*[5] *le sol. Le salon est vide.*

1 bondir: sauter, se lever brusquement
2 effrayé/e *adj.*: plein de peur
3 s'étreindre: s'embrasser
4 grésiller: *ici* s'éteindre un peu
5 joncher: couvrir

De la rue on entend des cris de joie, des rires, une ambiance de victoire…

VOIX OFF : Le général von Choltitz fut arrêté par les Alliés, et remit le jour même sa capitulation au général Leclerc. Emprisonné en Angleterre, il sera libéré en 1947. Sa femme et ses trois enfants ont été condamnés à mort par le régime nazi. Mais, à la faveur[1] de la débâcle allemande, ils ne seront jamais inquiétés. Choltitz rejoint enfin les siens à Baden-Baden. Il meurt en 1966. Quant à Nordling… il est nommé citoyen d'honneur de Paris peu après la guerre, et décoré à titre exceptionnel de la grand-croix de la Légion d'honneur. Sur la médaille d'or que lui remet la Ville, frappée[2] en seul un exemplaire, on peut voir côté face[3] : Paris brisant ses chaînes.

La lumière se tamise[4] lentement. Parmi les rires et la joie qui s'élèvent toujours de la rue, quelques salves de mitraillettes résonnent encore au loin.

Fin

1 à la faveur de: zugunsten von
2 frapper: *hier* prägen
3 le côté face: Vorderseite
4 se tamiser: baisser

Sujets d'étude

A. Pendant la lecture

1. Résumez ce qui se passe après la disparition de Nordling.
2. Indiquez ce qu'on apprend sur l'après-guerre.
3. Expliquez pourquoi Choltitz veut absolument parler à Nordling après avoir eu des nouvelles de Mayer.

B. Après la lecture

1. Jugez le comportement de Nordling.
2. Imaginez une rencontre entre Nordling et Choltitz à la fin des années 50 à Paris. Que se disent-ils?
3. Au contraire de la réalité historique où Nordling téléphone et parle à Choltitz plusieurs fois à différents jours, l'auteur de *Diplomatie* respecte les trois unités du théâtre classique: unités d'action, de temps et de lieu. Quel effet en résulte-t-il?

Dominique Lapierre / Larry Collins

Paris brûle-t-il? (extrait)

Le 23 août 1944, à 11 heures du matin, les téléscripteurs[1] du Grand Quartier Général de Hitler transmettent cet ordre ultrasecret et très urgent. Ses destinataires sont : le commandant en chef de l'Ouest, le chef du Groupe d'Armées B, la 1re Armée, la 5e Armée Blindée[2] et la 15e Armée. Cet ordre répète ce que Hitler vient de dire à ses généraux dans son bunker de Rastenburg. Dans l'esprit du Führer, il doit régler une fois pour toutes le destin de Paris.

Geh. Kommandosache Chefsache
Nur durch Offizier
KR Blitz

O.B. West Ia
Okdo d. H. Gr. B. Ia
A.O.K. 1 Pz.A.O.K. 5
A.O.K. 15

La défense de la tête de pont[3] de PARIS est d'une importance capitale sur le plan militaire et politique. La perte de la ville entraînerait la rupture[4] de tout le front du littoral[5] au nord de la Seine et nous priverait de notre base de lancement pour le combat éloigné contre l'Angleterre.

Dans l'Histoire, la perte de PARIS a toujours entraîné jusqu'ici la perte de toute la France.

1 le téléscripteur: Fernschreiber
2 l'Armée Blindée *f.*: Panzerdivision
3 la tête de pont: Brückenkopf
4 la rupture: *hier* Dammbruch
5 le littoral: la côte

Le Führer réitère[1] donc son ordre : PARIS doit être défendu dans la position-verrou[2] en avant de la ville. Il rappelle pour cela les renforts annoncés pour le commandant en chef à l'ouest.

Dans la ville même, il faut intervenir avec les moyens les plus énergiques contre les premiers signes de soulèvement[3], tels que destruction de pâtés de maisons[4], exécution publique des meneurs[5], évacuation du quartier menacé ; c'est ainsi que l'on pourra le mieux empêcher l'extension[6] de tels mouvements.

La destruction des ponts de la Seine sera préparée. PARIS ne doit pas tomber aux mains de l'ennemi, ou l'ennemi ne doit trouver qu'un champ de ruines.

23.8.44 11.00 heures

Dominique Lapierre / Larry Collins: Paris brûle-t-il?, Paris – Éd. Robert Laffont – 1964, 7 ss.

Sujet d'étude

Expliquez pourquoi Hitler est prêt à faire exploser la ville de Paris.

1 réitérer: répéter
2 la position-verrou: Sperrgürtel
3 le soulèvement: la révolte, la rébellion
4 le pâté de maisons: Häuserblock
5 le meneur: le chef
6 l'extension *f.*: le développement, l'augmentation *f.*

Paris sous l'Occupation – quelques dates fortes

14 juin 1940: Les Allemands entrent dans Paris, déclarée «ville ouverte».

16 juin 1940: Philippe Pétain devient Président du Conseil.

17 juin 1940: Le général de Gaulle quitte Bordeaux pour Londres où il est reçu par Churchill. À 12h30, le maréchal Pétain annonce aux Français qu'il a demandé à l'adversaire les conditions d'armistice: «C'est le cœur serré que je vous dis aujourd'hui qu'il faut cesser le combat».

18 juin 1940: Appel du 18 juin, acte fondateur de la France libre, par Charles de Gaulle.

22 juin 1940: Armistice du 22 juin 1940 avec l'Allemagne.

28 juin 1940: Le gouvernement britannique reconnaît officiellement le général de Gaulle comme «Chef des Français libres».

1er juillet 1940: Le gouvernement français s'installe à Vichy.

7 août 1940: L'Alsace et la Lorraine sont annexées au IIIe Reich. Accord entre de Gaulle et les Anglais sur l'organisation des Forces française libres.

14 mai 1941: À Paris, première rafle de juifs étrangers organisée par la Préfecture de Police.

27 mars 1942: Le premier convoi de Juifs quitte Drancy pour rejoindre les camps de concentration.

5 avril 1942: Installation officielle de la Gestapo en zone occupée.

16 et 17 juillet 1942: Rafle du vélodrome d'hiver.

août 1942:	Livraison aux Allemands de Juifs étrangers de la zone Sud.
26 janvier 1943:	Les trois principaux mouvements de la zone Sud fusionnent dans les Mouvements unis de la Résistance (MUR).
30 janvier 1943:	Création de la Milice.
27 mai 1943:	Création du Conseil national de la Résistance (CNR).
10 juin 1944:	Massacre d'Oradour-sur-Glane.
26 juin 1944:	Cherbourg est libérée par des troupes américaines.
26 juin 1944:	Début de l'opération Epsom par les britanniques à l'ouest de Caen.
19 août 1944:	Début de l'insurrection de Paris.

La libération de Paris pendant la Seconde Guerre mondiale a eu lieu du 19 au 25 août 1944, marquant ainsi la fin de la bataille de Normandie. Cet épisode met fin à quatre années d'occupation de la capitale française.

Hitler devant la Tour Eiffel

Sujets d'étude

1. Analysez la valeur symbolique de la photo.
2. S'agit-il d'une photo de propagande? Justifiez votre réponse.

Christelle Pangrazzi
Avoir 15 ans en 1940

Ils ont connu la faim, la peur et les privations[1] *mais aussi les surprises-parties et les premiers émois*[2] *amoureux à l'heure du couvre-feu*[3]*. Quelques Français nous racontent leur drôle d'adolescence*[4]*.*

Quand les Allemands ont marché sur Paris en juin 1940, Colette Weiss avait 14 ans. Elle habitait à Houilles, en banlieue ouest, dans un petit appartement. « Ma mère travaillait comme femme de ménage dans le XVIe arrondissement. Le soir, quand elle est rentrée, elle m'a raconté qu'elle les avait vus défiler. Les trois jours qui ont suivi, j'ai refusé de sortir de la maison. Tous les livres d'histoire que j'avais eus entre les mains ne parlaient que de la guerre de 1870 et de celle de 1914–1918. Les Allemands étaient dépeints[5] comme des êtres barbares, sanguinaires[6]. J'ai cru qu'ils allaient venir chez nous et nous tuer. » Dans la capitale comme dans les campagnes, les mères demandèrent à leurs enfants de se tenir à l'écart[7]. Personne ne savait alors ce qu'allaient faire ces soldats. Mais rien n'arriva. Le nouvel occupant avait des consignes : se comporter de manière « korrect » avec la population et surtout avec les jeunes. « Nous habitions à Cambremer, en Normandie. Un Allemand a pris mon frère de trois ans dans les bras, raconte Pierrick, 84 ans aujourd'hui. Il lui a dit : „ Tu ressembles à mon petit garçon. „ Un autre a aidé ma

1 les privations *f. pl.*: Entbehrungen
2 l'émoi *m.*: Erregung
3 le couvre-feu: Ausgangssperre
4 la drôle d'adolescence *f.*: une adolescence bizarre
5 dépeindre qn: décrire qn
6 sanguinaire *m./f. adj.*: qui aime tuer, cruel/le *adj.*
7 se tenir à l'écart *m.*: se tenir à une certaine distance

mère à porter le bois à la maison. Ils passaient dans les villages avec leurs motos et leurs chars. Ils avaient de la prestance[1] et une manière de marcher ensemble très organisée. Ils étaient à la fois inquiétants et fascinants. »

Comme Colette et Pierrick, les trois millions d'adolescents de l'époque qui s'apprêtaient[2] à vivre leurs plus belles années devaient faire face aux nouvelles règles dictées par l'occupant. Le couvre-feu, par exemple, imposa aux[3] habitants de rester chez eux de 22 h à 6 h du matin. Toutes les lumières devaient alors être éteintes, les volets[4] fermés ou les fenêtres calfeutrées[5] avec un tissu[6] en coton bleu marine. Evelyne Sullerot avait 15 ans en 1940. À l'annonce de la défaite, une partie de sa famille s'exila de leur maison occupée vers Uzès, dans le Gard, avant de revenir vivre sur Paris en 1942. « Même si la vie était très dure, nous étions à un âge où nous avions envie de nous amuser, confesse[7] cette sociologue renommée qui rejoignit[8] la Résistance dès 1943. Heureusement, certains parents étaient compréhensifs et nous laissaient organiser de temps en temps des surprises-parties, non-stop d'un couvre-feu à l'autre. Nous passions alors la nuit chez l'un ou chez l'autre à danser sur les disques de jazz d'avant-guerre sur un phono à manivelle[9]. Puis, nous repartions au matin. » Le plus souvent à pied. Car le métro parisien subissait souvent des coupures d'électricité[10] d'une demi-heure à trois heures.

1 avoir de la prestance: stattlich aussehen
2 s'apprêter à faire qc: se préparer
3 imposer à qn de faire qc: commander/obliger à qn de faire qc
4 le volet: Fensterladen
5 calfeutrer: boucher
6 le tissu: Stoff
7 confesser: avouer
8 rejoindre: aller à
9 le phono à manivelle: mechanischer Plattenspieler
10 la coupure d'électricité *f.*: Stromausfall

Les tickets donnaient droit à 30 grammes de viande par jour

« Seuls les plus riches avaient alors les moyens de se procurer une bicyclette », poursuit Evelyne Sullerot. Dans une journée, les jeunes pouvaient parcourir jusqu'à dix kilomètres. Soit pour aller travailler dans les champs, soit pour se rendre à l'école. « J'ai gardé les mêmes chaussures à semelle de bois[1] du début à la fin de la guerre et ma mère n'avait de cesse de nous rafistoler[2] nos vêtements, mon frère et moi », raconte Gérard Caen. Âgé de 13 ans au début de l'Occupation, il a fui avec sa famille juive Strasbourg pour rejoindre Bourbon-l'Archambault, alors en zone libre. « Là, nous n'avions pas à porter l'étoile jaune, ni à nous cacher pour aller à l'école ou sortir. Mais vu que mon père n'avait pas le droit de travailler et ne gagnait pas d'argent, ma mère devait faire très attention aux provisions. » Pour la première fois de leur vie, beaucoup de jeunes connurent les privations. À cause des réquisitions[3] allemandes qui raflaient[4] tout, les Français étaient rationnés. Les adolescents âgés de 13 à 21 ans, classés « J 3 » sur les cartes de ravitaillement[5] (il existait huit catégories), avaient quotidiennement droit en principe à 30 g de viande, 7,5 g de beurre, 7 g de fromage, 150 g de pommes de terre et 350 g de pain, ce qui constituait un apport énergétique[6] de 1100 calories/jour alors que 2400 sont nécessaires à cette période de croissance. Et la plupart du temps, ces tickets ne servaient à rien.

[...] Dès 1940, la capitale et les grandes villes comme Marseille, Toulouse, Strasbourg, Bordeaux, Montpellier et

1 la semelle: Schuhsohle
2 rafistoler: réparer
3 la réquisition: Beschlagnahme
4 rafler: voler
5 la carte de ravitaillement *m.*: Lebensmittelkarte
6 l'apport *m.* énergétique: Energiezufuhr

Nîmes ont vécu des « petites famines[1] ». « À la fin de la guerre, je ne pesais plus que 39 kilos pour 1,60 mètre se souvient Colette Weiss. À ce moment-là, j'ai développé une tuberculose dont j'ai mis deux ans à me remettre. » Les comptes rendus de médecine scolaire de l'époque attestent d'ailleurs qu'à Paris, les adolescents ne prenaient quasiment pas de poids[2] d'une année sur l'autre, voire[3] en perdaient, à un âge où ils étaient censés[4] beaucoup grandir et grossir. De nombreuses jeunes filles eurent une puberté retardée[5].

[...]

La guerre de 1914-1918 était rayée[6] des livres d'histoire.

Dès 1940, les enseignants juifs ou francs-maçons[7] furent révoqués[8] et la chasse aux livres « subversifs » engagée. Les Allemands interdirent les ouvrages historiques qui encensaient[9] les victoires des Alliés de 1914-1918. Dans la liste de référence, dite liste « Otto », qui mentionnait les livres interdits de diffusion[10], on retrouvait le « Malet-Isaac », manuel d'histoire incontournable[11], mais dont l'un des auteurs était juif. « Dans mon lycée, l'enseignement de l'anglais avait été limité, relève Evelyne Sullerot. En philosophie, nous avions un professeur admirable qui nous disait à certains moments : „ Fermez vos cahiers. „ Il nous parlait alors de liberté, de démocratie et évoquait des auteurs censurés comme Bergson. » En province, il arrivait

1 la famine: Hungersnot
2 prendre du poids: grossir
3 voire *adv.*: et même *adv.*
4 ils étaient censés beaucoup grandir: ils devraient beaucoup grandir
5 retardé/e *adj.*: verspätet
6 rayer: streichen
7 le franc-maçon: Freimaurer
8 révoquer: entlassen
9 encenser: louer
10 la diffusion: Verbreitung
11 incontournable *m./f. adj.*: indispensable *m./f. adj.*

que les rythmes scolaires soient plus hachés[1], les jeunes étant souvent réquisitionnés[2] pour contribuer[3] aux travaux agricoles. [...]

Pour s'échapper de cette société hyper contrôlée, les jeunes Français se réfugièrent dans le rêve et les sentiments amoureux. « Nous idéalisions les passions que nous pouvions vivre. C'était comme une denrée[4] que les Allemands ne pouvaient pas nous prendre, une manière de nous venger de[5] l'immense humiliation[6], analyse Evelyne Sullerot. Par pudeur[7] et par jeu, nous nous écrivions beaucoup, alors même que l'on se voyait tous les jours. En quatre ans, j'ai reçu une demi-malle[8] de lettres d'amour ! »

Quand en 1943, le Service du travail obligatoire (STO)[9] imposa aux hommes de plus de 20 ans de partir travailler en Allemagne, l'esprit de révolte gagna les plus jeunes. Beaucoup rentrèrent alors dans la résistance. Les filles se chargeaient de leur apporter à manger, de transmettre[10] des documents, parfois des pains de plastique. Il y avait une grande différence entre les deux sexes. Les garçons se faisaient fouiller[11] dans la rue, à la sortie du métro. Ils devaient sans arrêt sortir leur carte d'identité. En revanche, les filles, laissées la plupart du temps tranquilles, pouvaient servir de courroies de transmission[12]. Une chose est sûre : beaucoup de jeunes ne voulaient pas de cette France-là. « Nous

1 haché/e *adj.*: interrompu/e, coupé/e *adj.*
2 réquisitionner qn: obliger qn
3 contribuer à: beitragen zu
4 la denrée: l'aliment *m.*
5 se venger de: sich rächen an
6 l'humiliation *f.*: Erniedrigung
7 la pudeur: Scham
8 la malle: la valise
9 le Service du Travail Obligatoire: Arbeitspflicht
10 transmettre: faire passer
11 se faire fouiller: sich durchsuchen lassen
12 la courroie de transmission: Treibriemen

l'avons dit et fait savoir avec nos armes, relate[1] Evelyne Sullerot. La présence des Allemands nous avait enlevé ce que nous avions de plus cher : notre insouciance[2]. »

Christelle Pangrazzi: Avoir 15 ans en 1940, dans: La France sous l'Occupation – GEOHISTOIRE Hors-Série – septembre-octobre 2011, 76–80.

Sujets d'étude

1. a) Divisez le texte en ses parties principales et intitulez celles-ci.
   b) Résumez brièvement les informations les plus importantes de vos parties.
   c) Renseignez-vous sur les francs-maçons, leurs visions et leur importance.
2. En donnant des exemples, expliquez pourquoi l'auteure de l'article parle d'une «drôle d'adolescence» de ceux qui étaient jeunes pendant l'Occupation.
3. Précisez les problèmes auxquels sont confrontés les élèves à l'époque.
4. Étudiez les causes pour lesquelles nombre de jeunes entrent dans la Résistance.
5. Expliquez la phrase: «La présence des Allemands nous avait enlevé ce que nous avions de plus cher: notre insouciance.» (p. 97, l. 2–3).

1 relater: raconter
2 l'insouciance *f.*: Unbekümmertheit

Paris libéré: discours de De Gaulle

Discours du général de Gaulle sur le perron de l'Hôtel de ville, le 25 août 1944

Pourquoi voulez-vous que nous dissimulions[1] l'émotion qui nous étreint[2] tous, hommes et femmes, qui sommes ici, chez nous, dans Paris debout pour se libérer et qui a su le faire de ses mains. Non ! nous ne dissimulerons pas cette émotion profonde et sacrée[3]. Il y a là des minutes qui dépassent[4] chacune de nos pauvres vies. Paris ! Paris outragé[5] ! Paris brisé ! Paris martyrisé ! mais Paris libéré ! libéré par lui-même, libéré par son peuple avec le concours des armées de la France, avec l'appui[6] et le concours de la France tout entière, de la France qui se bat, de la seule France, de la vraie France, de la France éternelle. Eh bien ! puisque l'ennemi qui tenait Paris a capitulé dans nos mains, la France rentre à Paris, chez elle. Elle y rentre sanglante[7], mais bien résolue. Elle y rentre, éclairée par l'immense leçon, mais plus certaine que jamais, de ses devoirs et de ses droits. Je dis d'abord de ses devoirs, et je les résumerai tous en disant que, pour le moment, il s'agit de devoirs de guerre. L'ennemi chancelle[8] mais il n'est pas encore battu. Il reste sur notre sol[9]. Il ne suffira même pas que nous l'ayons, avec le concours de nos chers et admirables alliés, chassé de chez nous pour que nous nous tenions pour

1 dissimuler: cacher
2 étreindre: beklemmen
3 sacré/e *adj.*: heilig
4 dépasser qc: aller au-delà de qc
5 outragé/e *adj.*: offensé/e *adj.*
6 l'appui *m.*: l'aide *f.*
7 sanglant/e *adj.*: blutig
8 chanceler: wanken
9 le sol: le territoire

satisfaits après ce qui s'est passé. Nous voulons entrer sur son territoire comme il se doit[1], en vainqueurs. C'est pour cela que l'avant-garde française est entrée à Paris à coups de canon. C'est pour cela que la grande armée française d'Italie a débarqué dans le Midi ! et remonte rapidement la vallée du Rhône. C'est pour cela que nos braves et chères forces de l'intérieur vont s'armer d'armes modernes. C'est pour cette revanche, cette vengeance[2] et cette justice, que nous continuerons de nous battre jusqu'au dernier jour, jusqu'au jour de la victoire totale et complète. Ce devoir de guerre, tous les hommes qui sont ici et tous ceux qui nous entendent en France savent qu'il exige l'unité nationale. Nous autres, qui aurons vécu les plus grandes heures de notre Histoire, nous n'avons pas à vouloir autre chose que de nous montrer, jusqu'à la fin, dignes de la France. Vive la France !

www.roi-president.com/bio/bio-fait-discours+liberation+paris+1944.html

Sujets d'étude

1. Résumez le discours de De Gaulle.
2. Analysez la structure du discours. Quelle est son intention?
3. Expliquez par quels moyens rhétoriques de Gaulle souligne ses idées.
4. De Gaulle parle de «revanche», «vengeance», «justice» (p. 99, l. 8). Est-ce qu'on peut mettre ces trois termes sur le même plan? Justifiez votre point de vue.

1 comme il se doit: comme il le faut
2 la vengeance → se venger

Raoul Nordling
Mémoires de Nordling (extraits)

[...]

Une demi-heure plus tard, à peine, nous voici à l'hôtel Meurice où se trouvait le quartier général du gouverneur militaire de Paris, et Bender, suivi de Posch-Pastor, alla trouver le général von Choltitz pendant que mon neveu et moi attendions dans le hall. Il ne m'avait pas échappé, en passant devant l'hôtel, que l'on avait pris de nouvelles mesures de sécurité assez sévères – des barricades se dressaient[1] au milieu de la rue. Dans le hall et les escaliers, des soldats casqués et armés de mitrailleuses[2] avaient pris position à l'abri de[3] sacs de sable. Il était évident qu'on faisait des préparatifs en cas d'attaque.

Tandis que[4] nous étions là en train d'attendre, nous avons soudain entendu les sentinelles devant l'hôtel claquer les talons et crier Achtung. Entra alors le général Oberg, commandant des troupes SS de Paris. Cou de taureau[5], démarche raide[6], monocle planté dans l'œil gauche, il monta majestueusement l'escalier jusqu'au bureau de von Choltitz. Dix minutes plus tard, il quittait l'hôtel. Bender descendit alors et me dit que von Choltitz désirait me voir. Il me mit rapidement au courant de la conversation entre Oberg et Choltitz. Le général SS était venu prendre congé[7]. Il était prêt à partir. Il quittait Paris en direction de l'Est. Lorsque Choltitz lui avait demandé s'il s'opposait à la

1 se dresser: s'élever
2 la mitrailleuse: Maschinengewehr
3 à l'abri *m.* de: Schutz suchend
4 tandis que: pendant que
5 le cou de taureau: Stiernacken
6 la démarche raide: steifer Gang
7 prendre congé: sich verabschieden

libération des détenus[1] civils, il avait répondu : « Je m'en fiche[2]. »

C'était là ma première rencontre avec le général von Choltitz ; il se montra obligeant[3] et poli et me demanda de donner mon point de vue. Je développai les arguments que j'avais déjà exposés devant Abetz et je lui fis savoir que ce dernier était d'accord avec moi (Abetz avait déjà quitté Paris). « Il est de la plus haute importance que l'on évite le massacre des prisonniers car la responsabilité d'une semblable catastrophe retomberait sur l'armée allemande tout entière », lui dis-je. Le général resta calme et presque aimable. « Pour moi, officier, il n'y a pas de prisonniers civils, répond-il, je ne connais que des prisonniers de guerre. Les civils qui tirent sur la troupe sont traités en francs-tireurs[4] et fusillés sur place. Ici, il n'est pas question de francs-tireurs et, pour moi, il n'y a aucune raison de retenir ces détenus civils. » Mais il déclara que la responsabilité de cette mise en liberté incombait[5] au commandant militaire de Paris *(Militärbefehlshaber)*. Il fallait donc conclure un accord[6] avec ce dernier. Von Choltitz me donna une lettre pour le major Huhm, officier des services du *Militärbefehlshaber*, lettre dans laquelle il prescrivait[7] la mise en liberté. Il était visible que von Choltitz considérait que Oberg et les SS n'avaient plus aucune autorité à Paris et que, maintenant, c'était lui et l'armée qui prenaient les décisions. Pendant toute cette conversation, nous avions fait valoir que les autorités des prisons allemandes (entre autres la direction de Fresnes)

1 le détenu: prisonnier
2 je m'en fiche: ça m'est égal
3 obligeant/e *adj.*: gentil/le *adj.*
4 le franc-tireur: le partisan, le résistant
5 incomber à qn: jdm zukommen
6 conclure un accord avec qn: sich vereinbaren mit jdm
7 prescrire: recommander

souhaitaient être débarrassées[1] des détenus politiques avant l'arrivée des Alliés. « Mais hâtez-vous, nous dit en guise d[2]'adieu le général, le major Huhm quitte Paris aujourd'hui à midi. »

Après avoir remonté les Champs-Élysées à toute allure[3], nous sommes passés par l'Étoile pour arriver à l'hôtel Majestic, avenue Kléber, où se trouvaient les bureaux du major Huhm. Tout était désert autour de l'Arc de Triomphe. Mais devant le Majestic, c'était un trafic incessant[4] de camions. L'air était plein de cendres[5], il se déposait sur le visage et les mains une épaisse couche de suie[6]. Les Allemands étaient en train de brûler à l'hôtel Majestic d'énormes quantités de documents. Les rues aux alentours de[7] l'hôtel étaient obstruées[8] par des barricades ; le tout présentait un aspect de camp retranché[9].

Grâce à la lettre de von Choltitz, le major Huhm nous reçut immédiatement. Il accepta en principe la proposition. « Nous devons établir une convention, dit le major. Si nous libérons les prisonniers français, il nous faut une contrepartie[10], par exemple, vingt-cinq prisonniers de guerre allemands pour chaque détenu civil français. » Je tombai des nues[11] devant des exigences aussi énormes. Ce seul chiffre de vingt-cinq contre un me paraissait fantastique. « Je ne dispose d'aucun prisonnier allemand, répondis-je,

1 débarrasser qn de qc: libérer qn de qc
2 en guise de *loc.*: comme
3 à toute allure: vite
4 incessant/e *adj.*: qui dure sans interruption *f.*
5 la cendre: Asche
6 la couche de suie *f.*: eine Rußschicht
7 aux alentours de: aux environs de
8 obstrué/e *adj.*: bouché/e *adj.*
9 le camp retranché: befestigtes Lager
10 la contrepartie: Ausgleich
11 tomber des nues *loc.*: être extrêmement surpris/e

en ma qualité de M. Raoul Nordling, et je n'ai pas la moindre raison d'en capturer[1] ! » Mais le major Huhm ne voulait pas céder[2]. Il finit cependant par déclarer que ce n'était là qu'une simple formalité. Somme toute[3], si un accord était conclu, il fallait pouvoir démontrer que cela entraînait des avantages pour les Allemands. […]

Raoul Nordling: Sauver Paris. Mémoires du consul de Suède. Paris – Petite Bibliothèque Payot – 2012, 155 s.

Sujets d'étude

1. Présentez la situation à Paris lors de la première rencontre de Nordling avec Choltitz.
2. Analysez l'attitude de Choltitz pendant la rencontre.
3. Expliquez pourquoi Huhm demande une «contrepartie» (p. 102, l. 20).
4. Jugez les comportements de Choltitz, Oberg et Huhm.

1 capturer: prendre, arrêter
2 céder: nachgeben
3 somme toute *loc.*: finalement *adv.*

Cyril Gely est né en 1968 à Paris. Après des études de commerce et d'ingénierie financière, il intègre l'École d'art dramatique de la rue Blanche, section comédien. Il se tourne alors peu à peu vers l'écriture.

Il publie deux romans: *La Traversée* aux Éditions Spengler (1995), et *Le Cercle de Pierre* (1997) aux Éditions Anne Carrière, qui sont traduits en plusieurs langues: russe, portugais, espagnol... À cette occasion, il obtient la bourse du Centre National du Livre. Son dernier roman date de 2009: *Poétique du Combat* publié aux Éditions Krakoen.

Côté théâtre, il co-écrit deux pièces avec l'auteur et le metteur en scène Éric Rouquette: *Signé Dumas* (2003) publié Aux Impressions Nouvelles, puis *La Véranda* (2008) aux Éditions L'Œil du Prince.

La pièce *Signé Dumas* récolte sept nominations aux Molières, dont celle du Meilleur Auteur et est récompensée en 2004 du Grand Prix de l'Académie Française du Jeune Théâtre.

Ses deux dernières pièces sont *Le gastronome* (2009) et *Diplomatie* (2011), qui obtient le prix de la Fondation Barrière et est nominée deux fois aux Molières en 2011. Elle remporte le prix de la Meilleure Pièce Globes de Cristal en 2012.

Sa dernière pièce de théâtre *Sacha* est en cours de production.

Cyril Gely est également chef, puis directeur de publicité attaché à la ligne éditoriale du magazine Médias, un mensuel de communication.